Fr. Ricardo Ferreira dos Santos, ofm

Introdução à Teologia Franciscana de São Francisco de Assis

Fr. Ricardo Ferreira dos Santos, ofm

Introdução à Teologia Franciscana de São Francisco de Assis

Síntese de seu pensamento teológico

CREDO EDICIONES

Cover image: www.ingimage.com

Publisher:
CREDO EDICIONES
ist ein Imprint der / is a trademark of
International Book Market Service Ltd., member of OmniScriptum Publishing Group
17 Meldrum Street, Beau Bassin 71504, Mauritius

Printed at: see last page
ISBN: 978-613-2-02212-7

Introdução a Teologia Franciscana de São Francisco de Assis

Fr. Ricardo Ferreira dos Santos, ofm

ÍNDICE

INTRODUÇÃO

Neste estudo propomos refletir a teologia franciscana, em visão geral e sintética, considerando vários de seus aspectos em chave cristológica, trinitária, antropológica, eclesiológica, etc., em são Francisco de Assis que viveu no século XII, cuja experiência de Deus, pautada no Evangelho, intuiu e formulou profunda teologia em espiritualidade franciscana. Essa visão geral nos dará uma ideia da riqueza e profundidade e características de sua teologia. Por conseguinte, encontramos nos primeiros biógrafos e, de modo especial, nos escritos do Pai seráfico as fontes principais para o aprofundamento de sua teologia.

Buscamos aprofundar este assunto da seguinte maneira:

Na primeira parte, refletimos sobre o significado da teologia em são Francisco de Assis. Essa teologia se pauta na espiritualidade franciscana, dom do Espírito Santo, segundo a meditação bíblica da Palavra de Deus, se afasta do discurso abstrato e prima pelo afeto e orientação prática.

Na segunda parte, perguntamos sobre a sua cristologia: quem é Jesus Cristo para s. Francisco? Em seguida indagamos sobre a imagem de Deus: quem é Deus para o pobrezinho de Assis? Cristo, no mistério de sua encarnação, está no centro da teologia e, por conseguinte, em movimento de contínuo abaixamento e exaltação nos revela a Deus em sua Trindade.

Na terceira parte, perguntamos sobre a sua antropologia: qual o lugar do homem e da criação no plano divino? Qual a sua origem, sua razão de ser e seu destino? Qual o papel da graça? Francisco contempla o Deus criador, redentor e salvador que nos cria, nos redime e nos conduz à participação em seu Reino definitivo. É Deus em seu mistério trinitário quem revela a grandeza do homem e da criação. As criaturas procedem de Deus e somente Nele pela graça são modeladas e encontram o seu destino.

E na última, aprofundamos o lugar e o significado teológico dos sacramentos, da Igreja e de Maria em são Francisco de Assis. A teologia dos sacramentos, a eclesiologia e a mariologia convergem na visão de são Francisco para a experiência eclesial e comunitária da salvação. Além de ser o homem da participação e comunhão na Igreja,

Francisco é o homem da páscoa e da liturgia. No coração da compreensão do transito pascal se encontra Cristo, Verbo encarnado.

I. TEOLOGIA FRANCISCANA

A teologia de São Francisco é verdadeira teologia franciscana pautada na Palavra de Deus e condicionada pela espiritualidade e formação franciscana. Esta propõe sabedoria evangélica como resposta e contributo à Igreja e ao mundo atual.

1. Teologia de são Francisco como teologia franciscana.

A teologia de são Francisco é teologia franciscana? A teologia (do grego "theos", que significa Deus e "logos" que quer dizer, discurso) é a reflexão da vida à luz da Palavra de Deus. A teologia pensa a vida, as realidades do mundo em confronto com a Revelação dada na Igreja. Essa Revelação é a Palavra de Deus, manifestada em Jesus Cristo, dada na Igreja, transmitida pela Tradição e contida na Sagrada Escritura. Neste sentido, toda teologia é uma teologia da Igreja. Entretanto, há inúmeras formas de se fazer teologia. E, por conseguinte, cada teologia segue uma espiritualidade, nasce e se desenvolve a partir de uma espiritualidade. Assim neste caso, se pode falar de uma teologia franciscana que é acompanhada e condicionada pela espiritualidade franciscana[1]. A teologia franciscana propõe ser aprofundamento da espiritualidade franciscana e contributo à Igreja e ao mundo. Hoje tem como referencia a doutrina do Concílio Vaticano II em sua perspectiva otimista de abertura e renovação do mundo moderno.

Neste sentido se pode dizer que a teologia de são Francisco é franciscana. Não é somente teologia de são Francisco visto que tem orientação espiritual franciscana; se pauta na espiritualidade e no universo simbólico franciscano[2].

A teologia franciscana não é especulativa nem abstrata, mas se distingue por sua orientação afetiva e prática. Francisco não foi um teólogo acadêmico, não estudou em universidade, não escreveu livros, mas formulou em suas cartas, orações e pregações teologia a partir de sua experiência de vida à luz do Evangelho. O foco central de sua

---

[1] RITO DE LEÃO BRASIL, Honório. *Apostila do curso de franciscanismo*. Salvador, 1989, pp. 3-6.

[2] MERINO, José Antonio y FRESNEDA, Francisco Martinez (org.). *Manual de Teología Franciscana*. Madrid: BAC, 2003, p. 19-22.

teologia é cristológico: meditava os mistérios da vida de Jesus e a partir daí tirava as suas consequências para a vida prática.

Da meditação da vida de Cristo intuía que a nossa vida deveria ser pobre, humilde, simples, obediente, fraterna. Com a sua teologia, Francisco queria amar a Cristo e, por conseguinte, encontrá-lo na vida da Igreja, no rosto do ser humano e em todas as criaturas. O fio condutor desse pensamento foi sempre a meditação da vida de Jesus, pobre, servo e crucificado. A teologia franciscana tem o propósito real de formar a identidade do cristão como irmão menor à luz do seguimento de Jesus pobre e crucificado assim como nos apresenta a Sagrada Escritura.

A visão de mundo oriunda da teologia franciscana se baseia nos valores evangélicos que nos mostram com clareza e sabedoria o valor da fraternidade universal, do ser humano e da criação. Trata-se de visão humanista, existencial e otimista.

Os mestres clássicos de teologia medieval (de modo especial, no século XIII, São Boaventura e Duns Escoto, século XIV e outros) buscam aprofundar essas intuições do espírito franciscano que tem início em Francisco e Clara e seus primeiros companheiros, concebendo uma teologia do amor pautada na Sagrada Escritura e voltada para um objetivo prático.

Segundo são Boaventura, o sentido da teologia não é conhecer por conhecer, não é pura especulação, mas conhecer a Deus para fazer o bem e buscar a santidade, pautando a nossa vida num caminho de perfeição. O fim do estudo da teologia é conhecer a Deus e o seu plano de salvação em vista de nossa redenção, já que neste mundo somos peregrinos, estamos a caminho da pátria definitiva. Daí porque necessitamos sempre da iluminação da sabedoria evangélica que chamamos de teologia. Essa sabedoria é nos dada pela graça divina a fim de alcançarmos a vontade daquele que é puro amor e sumo Bem.

Teologia é sinônimo de formação. Conhecer a Deus nos leva à mística do seguimento a Jesus, formando em nós atitudes diante do mundo e, por conseqüência, conhecimento apaixonado que ilumina a vida. A teologia é feita a partir de sua fonte primária que é a Sagrada Escritura, fruto da meditação, da oração e da reflexão da mesma que afeta nosso cotidiano. Ela é segundo são Boaventura "ciência" e "sabedoria" perfeita[3]. A mesma nos inflama do desejo de chegarmos a Deus. Neste sentido, a teologia nos remete ao "sabor perfeito"[4].

A Sagrada Escritura contém a Palavra de Deus e, por conseguinte, normatiza, atualiza a tradição da Igreja e faz crescer em sabedoria os fiéis que rezam e a meditam em oração. Pensando deste modo, nos aproximamos do verdadeiro significado ou da alma da teologia segundo Francisco de Assis.

A teologia segundo são Francisco é bíblica. O santo de Assis se insere no contexto do movimento bíblico do século XIII, considerado o século bíblico da Idade Média. Nesse período acontece o florescimento dos estudos bíblicos de interpretação alegórica como preparação à pregação[5]. Os concílios de Latrão III (1179) e IV (1215) deram impulso a esse movimento[6].

Em sua humildade, são Francisco se considerava "simples e idiota", isto é, "iletrado", porém percebemos na leitura de seus escritos, profundo conhecimento da Bíblia[7]. Francisco é o homem da experiência de Deus e da vida pastoral. Ele não tinha conhecimento acadêmico, teórico e sistemático da Palavra de Deus, mas um conhecimento sapiencial, resultado de sua meditação, oração, pregação e união com Deus. Francisco foi um verdadeiro teólogo sapiencial. E esse conhecimento bíblico o acompanhou durante toda a sua vida e em perspectiva de crescimento e progresso interior e espiritual. Ao longo de sua vida pode conhecer pessoalmente a Deus. Conhecendo-o pela iluminação da graça pode compreender melhor e mais claramente o propósito de sua vocação.

Segundo o pai seráfico, o estudo não deve ser feito por mera curiosidade, porém pela iluminação e vivificação do Espírito[8]. Para ele, não se deve buscar a exterioridade da letra que mata, mas a profundidade do Espírito que vivifica. É no Espírito que interpretamos corretamente a Sagrada Escritura. Essa interpretação, por sua vez, está sempre em sintonia com os ensinamentos da viva tradição da Igreja.

---

[3] Brev. p. 1 c. 1 n. 2 e 3 (BAC I 205).
[4] Ibid. n. 3 (207).
[5] DRAGO, Augusto. *"Palavra de Deus, Sagrada Escritura"*, in: CAROLI, Ernesto (org.). *Dicionário Franciscano*, trad. bras. 2ª ed. Petrópolis: Vozes e Cefepal, 1999, p. 527-532.
[6] Cf. DRAGO, Augusto. "Palavra de Deus, Sagrada Escritura", in: CAROLI, Ernesto (org.). *Dicionário Franciscano*. p. 527ss.
[7] Test 19; CO 39.
[8] Cf. Ad 7.

Francisco possui ampla visão da Palavra de Deus. Essa Palavra está contida nas palavras do Senhor na Igreja. Por sua vez, essas *"santíssimas e odoríferas palavras do Senhor"* estão contidas na Escritura, na pregação e nos livros litúrgicos de modo que devem ser reverenciadas e cuidadas assim como se deve cuidar e venerar a Sagrada Eucaristia[9]. Tanto a Palavra de Deus na Bíblia como a Eucaristia nos revelam a presença de Cristo.

São Francisco manifesta muito respeito e veneração à Palavra do Senhor assim como tem respeito e veneração ao Corpo e Sangue de Cristo. Deste modo, põe no mesmo plano de igualdade e dignidade, a Palavra e a Eucaristia como sugere em seu Testamento[10].Tal paralelismo está alicerçado na tradição patrística, retomada recentemente pelo Vaticano II no capitulo II da Dei Verbum[11].

Qual é a fonte da teologia de Francisco?

Afastando-se do fundamentalismo bíblico e da piedade desencarnada ou espiritualista, são Francisco lê, medita e reza a realidade à luz do texto bíblico e num horizonte histórico-salvífico. Em outras palavras, sua teologia é essencialmente bíblica, interpretada e nutrida na e pela Palavra de Deus escrita. Essa Palavra, por sua vez, é acolhida e interpretada na Tradição da Igreja. Nunca Francisco interpreta a margem, mas no interior da Igreja católica romana. Em sua doutrina o irmão de Assis ao contrário dos movimentos heréticos de sua época é um teólogo de tradição ortodoxa.

É na liturgia que ele toma contato com a Sagrada Escritura, rezando e meditando os livros do Antigo e Novo Testamento, os Salmos, as cartas de Paulo e, de modo especial, o evangelho segundo João[12]. Igualmente é na liturgia que Francisco vai conhecer e haurir a doutrina da Igreja[13]. Não se trata de mera especulação teológica, mas meditação da Palavra de Deus no contexto da vida eclesial.

---

[9] 2CF 2; RNB 22, 38-50.
[10] Test. 1; cf. também: 2CF 34.
[11] CONCÌLIO VATICANO II. *Constituição dogmática sobre a revelação divina "Dei Verbum"*, in, compêndio do Vaticano II, constituições, decretos, declarações, 29° ed. Petrópolis: ed. Vozes, 2000.
[12] DRAGO, Augusto. p. 261-268.
[13] Ibid. 261.

II. VISÃO DE DEUS

A visão de Deus se fundamenta no mistério de Cristo, Verbo encarnado, revelador da Trindade na história. Em Cristo compreendemos quem é Deus: Ele é o Altíssimo, Caridade, Bondade, Alegria, Humildade etc. Não se trata de visão solitária do mistério, mas unitiva, isto é, de comunhão fraterna consigo, com os outros e com toda a criação que afeta todo ser humano que crê, ama e espera. Em Deus se revela quem somos e para onde vamos. Ele é a razão de nossa existência, conforme pensamento e teologia do pobrezinho de Assis.

1. Cristologia de São Francisco.

Qual o lugar de Cristo na teologia do pobrezinho de Assis?

Cristo encontra um lugar central na espiritualidade e, por conseguinte, na teologia de Francisco. Esse encontro com Cristo marca profundamente a vida do santo de Assis[14]. Ele realiza verdadeira "experiência teologal" visto que segundo são Boaventura, ele se apresenta como "homem teológico"[15]. Com efeito, no encontro místico com Cristo vive e expressa teologicamente, em sua pregação, orações e escritos, a fé na Trindade divina. Esse encontro com Cristo que modela o seu itinerário de fé significa "sequela", discipulado, em outras palavras mais específicas, "seguimento". Cristo se revela como parâmetro e modelo da vida evangélica que, ao mesmo tempo, nos revela a Trindade.

A cristologia para Francisco é mística porque incide consequentemente em sua vida pessoal, social, econômica e política, etc., transforma seu comportamento, seu ser e agir; provoca atitude diante da vida; mexe com sua vocação; orienta-lhe para a vida de conversão e penitencia. Não se trata de mera ideologia ou partidarismo, ao contrário dos movimentos heréticos de sua época, mas de profunda experiência de fé no encontro com o Cristo. A vida de fé em Jesus Cristo modela em seu coração horizonte social evangélico, não polarizado no individualismo, mas na vida fraterna.

---

[14] POMPEI, Alfonso, *Jesus Cristo, cristocentrismo, realeza, salvação, seguimento, imitação*, in, CAROLI, Ernesto (org.). *Dicionário Franciscano*. trad. bras. 2ª ed. Petrópolis: Vozes, Cefepal, 1999, p. 335-367.

[15] POMPEI, Alfonso, p. 363.

Para Francisco, cristologia é experiência prática[16]. Não é algo que está fora, mas no interior da cristologia. Ela não é dada em conceitos teóricos, mas através de narrativas, relatos da imitação de Cristo. Ele vive e, ao mesmo tempo, que narra e reza o mistério da encarnação do Verbo. Essa cristologia como seguimento de Cristo intui a experiência da "filiação divina". Porque somos filhos no Filho. Daí a consciência de sermos todos irmãos. Ele rompe com a ideia do parentesco natural para viver como filho de Deus e, por conseguinte, irmão de todos.

Francisco deseja de todo coração seguir a Cristo a maneira dos apóstolos. Eles tudo deixaram para segui-lo[17]. Portanto, a imitação real de Jesus Cristo pobre e crucificado como nos apresenta os evangelhos é o coração ou centro da meditação e oração teológica do pai seráfico.

Seguir a Cristo requer despojamento, tudo deixar, pobreza evangélica a exemplo de Cristo, Maria e os apóstolos. Porém, a pobreza não é um fim em si mesmo, mas um meio em vista da perfeição evangélica. Igualmente, nos dispõe a missão e ao serviço aos pobres.

Quem é Jesus Cristo segundo são Francisco de Assis?

Segundo os seus escritos, Jesus Cristo é o "homem-Deus"[18]; o "Filho de Deus"[19]; é a "Palavra de Deus"[20]; o "Altíssimo"[21]; a "sabedoria do Pai"[22]; "Igual ao Pai"[23]

Em outras palavras, ressaltando esses atributos, oriundos de uma linguagem dogmática, bíblica e teológica da Igreja, Francisco pensa a Jesus Cristo como "verdadeiro Deus e verdadeiro homem"[24]. Ele ressalta a sua transcendência, sua Pessoa e atuação em sintonia e unidade com o Pai[25]; reconhece a sua divindade. À luz da fé contempla a sua presença mística no mundo e na Igreja e ação salvífica na história.

---

[16] Ibid. p. 355.
[17] Ibid. p. 354.
[18] RNB 23.
[19] Ad 1; 1, 8; RNB 16, 9; 23, 5s, etc.
[20] 2 CF 4.
[21] Ad 1, 11; CC 1.
[22] 2 CF 67.
[23] Ad 1, 8, etc.
[24] POMPEI, Alfonso, p. 360.
[25] CO 33.

Cristo é sempre alguém vivo e transcendente, mas encarnado na vida que através de sinais comunica sua presença e graça.

Jesus Cristo é o "Filho". Ele sempre é percebido em sua profunda união com as demais pessoas da ssma. Trindade[26]. São Francisco sempre contempla Cristo trinitariamente. Nunca como Alguém isolado da essência da comunhão divina. Jamais sozinho, mas em continuada comunicação e comunhão de amor. Sempre em dinâmica relacional de modo que a ação criadora e salvadora se dá ao mesmo tempo em mútua participação do Pai, do Filho e do Espírito Santo. Igualmente, na vida da graça e dos dons divinos a ação das três Pessoas divinas é sempre conjugada. Com efeito, o mistério da encarnação é obra da ssma. Trindade.

Para o pai seráfico, Cristo é *"o enviado da parte do Pai"*[27]; é a *"Palavra do Pai"*[28]; *"verdadeiro homem"*, porque *"recebeu verdadeira carne de nossa humanidade"*[29] e *"apareceu aos santos apóstolos em verdadeira carne"*[30]. Cristo assumiu e viveu em radicalidade e liberdade nossa condição humana, em obediência ao Pai e, por conseguinte, adotou a pobreza como estilo de vida[31].

Considerando essas afirmações notamos na cristologia de são Francisco tendência crescente ao realismo histórico da encarnação. Francisco contempla o mistério do Verbo encarnado, cuja consumação e ponto máximo se encontram em sua Paixão.

O realismo da encarnação do Verbo é contemplado à luz da doutrina paulina da "kenosis", isto é, da humilhação, esvaziamento de Si e abaixamento do Filho de Deus, segundo são Paulo[32]. A humilhação do Filho começa ao *"descer ao seio da Virgem"*[33]. No seio de Maria, o Filho de Deus recebeu *"verdadeira carne de nossa humanidade e fragilidade"*[34]. E escolheu viver a pobreza de sua mãe santíssima.

Sua linguagem bíblica e teológica é exatamente conforme a doutrina proposta pela Igreja, isto é, de caráter ortodoxo, o que lhe distingue da doutrina pregada pelos

[26] POMPEI, Alfonso, Ibid.
[27] RNB 22,51. 53; 2CF 11.
[28] Ibid. 4.
[29] 2CF 4.
[30] Ad 1, 19.
[31] 2 CF 5; RNB 9.
[32] Cf. hino cristológico de Fl 2, 5-11. Cf. POMPEI, Alfonso, p. 361.
[33] Adm 1, 16.
[34] 2CF n. 4.

cátaros. Em outras palavras, segundo são Francisco, Cristo não é alguém distante ou meramente idealista ou espiritual, mas pessoal, real e presente na vida. Não contemplamos a Cristo para além da história, mas na história; não no passado, mas no presente. Ele não veio destruir o mundo ou história ou ainda a carne humana, mas assumi-la radicalmente por amor.

Ao se encarnar na história humana, Cristo manifesta a ação de Deus já no presente. Porém, a obra da salvação não é ação exclusiva de Deus, mas também colaboração do ser humano como resposta amorosa e gratuita a revelação misericordiosa do Senhor.

Porque foi Ele que nos amou primeiro e nos chamou para permanecermos em seu amor e para que o fruto permaneça, fala são João Evangelista[35]. Francisco parece se deixar pautar por essa cristologia evangélica do amor.

A encarnação do Senhor é resultado do amor do Pai que nos ama e tudo nos dá em seu Filho amado. Como fruto desse amor santo o Filho realiza um sacrifício redentor que contempla toda humanidade:

"3 E te damos graças porque, assim como por teu Filho nos criaste, assim por teu santo amor, com que nos amaste (cfr. Jo 17,26), fizeste que ele, verdadeiro Deus e verdadeiro homem, nascesse da gloriosa sempre virgem beatíssima Santa Maria, e quiseste que nós, cativos, fôssemos redimidos por sua cruz e sangue e morte"[36].

Ele veio não em razão de nossos pecados, mas porque primeiro nos amou, e por consequência, nos remiu de nossos pecados. Portanto, a razão primeira da encarnação não está condicionada aos nossos pecados. Cristo não veio para responder a uma necessidade, mas para nos amar, para manifestar o amor de Deus por nós que resultou em salvação e remissão dos pecados. Não se entende o mistério da encarnação sem a consideração da "caridade". Tal virtude teologal norteia não só a sua teologia, mas de modo especial a cristologia.

---

[35] Jo 15, 16.

[36] RNB 23, 3.
Cf. FONTES FRANCISCANAS, *Escritos e Biografias de São Francisco de Assis*. São Paulo: Procasp (província dos capuchinhos de São Paulo). http://centrofranciscano.capuchinhossp.org.br/fontes. Último acesso: Fevereiro 2019.

O sacrifício redentor de Cristo resultou deste amor divino como expressão de sua entrega ao Pai e doação em favor da humanidade. Trata-se da atitude de amor livre e gratuito que tem início na concepção no seio da Virgem e se consuma na Paixão. Por conseguinte, devemos em louvor e ação de graças responder ao seu amor divino, através dos dons, que dele continuamente recebemos, nos colocando a serviço do Reino.

Francisco contempla o Filho de Deus em sua história, assim como nos ensina os evangelhos e, por conseguinte, procura viver seguindo na caridade a Cristo, homem-Deus, no mistério de sua encarnação. Francisco, meditando os mistérios da vida de Cristo, se propõe segui-lo no caminho de pobreza, humildade, obediência e vida apostólica[37]. O santo de Assis deseja segui-lo *"de todo coração"*[38]. Assim como o Filho de Deus, em atitude de liberdade, escolheu a vida de humilhação e abaixamento, do mesmo modo ele opta por este estilo de vida apostólica.

Para o pai seráfico, Cristo está no "centro" da vida e da espiritualidade. Ele professa um "cristocentrismo". Deste modo, toda a sua formação é vivida e modelada pelo encontro com Cristo e pela contemplação de sua vida. Cristo está no centro da vida divina e nos revela em suas palavras e ações a vida da Trindade. A imitação de Cristo pobre e crucificado nos leva à realização da meta de nosso itinerário: chegar a Deus mesmo no mistério de sua trindade e unidade.

Embora Francisco não fale muito ou quase nada do Cristo ressuscitado, seguindo espiritualidade e mensagem do Evangelho de João, pensa no Cristo glorioso, rei crucificado, presente e vivo no mundo, na história, na vida, na liturgia, na Igreja e nas criaturas.

Segundo Giovanni Iamarrone, em seus escritos F. fala sempre dos mistérios de Cristo em seu todo, ou seja, encarnação, morte, ressurreição, ascensão, juízo final, Vinda definitiva[39]. Há algumas referências ao Cristo ressuscitado e a ressurreição. Na Regra Bulada[40] se refere uma só vez à festa litúrgica da ressurreição do Senhor. Já na carta a toda Ordem faz menção à ressurreição[41]. De modo especial, no Ofício da Paixão, Francisco alude à ressurreição e a exaltação do Filho crucificado pelo Pai através da

[37] Mt 10, 7-10; Mc 6, 8-9; Lc 9, 1-6.
[38] 1C 22.
[39] IAMARRONE, Giovanni. *La Cristologia Francescana: Impulsi per il presente*. Padova: Edizioni Messagero, 1997, p. 65-72.
[40] RB 3, 6.
[41] CO 21-22

ressurreição[42]. A exaltação da ressurreição está ligada à ascensão, à realeza sobre a história e sobre o cosmo; fala do retorno de Cristo glorioso e Juiz universal no fim dos tempos. Por sua vez, a Regra não Bulada fala do retorno de Cristo e do juízo final[43].

Francisco recita o Ofício da Paixão todos os dias. Portanto, está sempre rezando e invocando o Senhor no mistério de sua ressurreição, ascensão e glorificação. Em sua fé, vive e contempla o mistério pascal. Como sabemos F. não é teólogo sistemático, nem desenvolve tratado da ressurreição do Senhor como centro do mistério da salvação. O Cristo ressuscitado é muito pouco tematizado na piedade e pensamento de Francisco. Isto porque, ele é filho do seu tempo[44].

A teologia medieval e pós-medieval mostra carência no aprofundamento sistemático do significado salvífico da ressurreição de Cristo. Essa lacuna ou carência não significa ausência da experiência e reflexão sobre o Cristo ressuscitado e da ressurreição. F. pensa a ressurreição do Senhor em outra perspectiva. Para ele, Jesus em sua morte e exaltação é o Bom Pastor, aquele que continua a levar a sua cruz no caminho de dor e da tentação[45]. Ele é o "Cordeiro imolado"[46] que Deus exaltou transformando a sua escória em vitória e a humilhação na cruz em triunfo.

É o Senhor que reina através do madeiro, como reza no salmo[47]. O Cristo glorioso do pobrezinho de Assis é o Cristo joaneu onde no mistério da cruz já se revela na ressurreição e na glória. O Cristo glorificado é o Cristo do sofrimento e da Paixão. Os salmos rezados por F. e seus irmãos são imbuídos da esperança na vitória gloriosa do Senhor. Tanto para Francisco como para o evangelho de João, o Cristo sofredor é sempre o Cristo glorioso. Em outras palavras, o Cristo da cruz é o Cristo da glória.

"A cruz resplandece a glória de Cristo"[48].

À luz desses textos, F. medita e reza assiduamente com os seus irmãos o mistério pascal. Francisco no seu cotidiano fala pouco do Ressuscitado, mas vive do

[42] *"Fui dormi e me levantei e meu santíssimo Pai me recebeu com glória"*. OP Salmo 06, nona, v. 11: *"E subiu aos céus e está sentado à direita do Pai santíssimo"*, Salmo 07, v. 10 *"10Subiu aos céus e está sentado à direita do santíssimo Pai celestial. 11*Elevai-vos, ó Deus, nas alturas dos céus, e sobre toda a terra em vossa glória (Sl 56,12).*12*E sabemos que Ele vem que virá para julgar com justiça".
[43] *"E te damos graças porque o teu próprio Filho virá na glória de sua majestade..."*.RNB 23, 4.
[44] IAMARRONE, Giovanni. p. 67.
[45] Adm 6,1.
[46] ELD (Exortação ao louvor de Deus) v. 15; LH (Louvores para todas as horas), n. 3.
[47] OP salmo 7, v. 9.
[48] IAMARRONE, Giovanni. *La Cristologia Francescana: Impulsi per il presente*. p. 69.

Ressuscitado. Ele experimenta, sente e anuncia o Ressuscitado. Numa palavra, vive da presença do Ressuscitado no Espírito.

Cristo não é alguém distante, mas muito próximo. Para Francisco, esse Cristo é o Ressuscitado servo sofredor, crucificado, muito presente em sua vida. Ele é verdadeiro irmão, pastor e bispo de nossas almas[49], e também nosso mestre.

O Santo de Assis cultiva uma cristologia da presença mística de Cristo. Esse Cristo continua a se esvaziar, a se humilhar, a se despojar, etc. até a morte por amor de nós e, o contemplamos nessa vida de humilhação especialmente na Eucaristia, aí Ele está sempre presente na vida dos fiéis[50]. Portanto, o mistério do Natal coincide com o mistério da Páscoa. Segundo Francisco acolher o mistério da encarnação significa hoje experimentar a vida do Ressuscitado.

Essa presença mística de Cristo é verdadeira, palpável, audível e real somente percebida na fé e na vivencia da vida fraterna. Essa presença real está sempre a nos associar à filiação divina e à vivencia da vida fraterna. Acolhendo essa presença podemos invocar a Deus como nosso Pai. A presença mística de Cristo estabelece nova relação familiar, não pautada na carne, mas no Espírito. Cristo é o nosso único mestre que está não somente nos céus, mas também está em nosso meio, quando nos reunimos em seu nome[51].

Em suma podemos dizer que Francisco experimenta a Cristo em profunda e indizível relação familiar, íntima, esponsal e fraterna. Ele é esposo de nossa alma e nosso irmão. E somos filhos do Pai celeste. Confira a primeira carta aos fiéis[52].

"7 e são filhos do Pai Celeste (cfr. Mt 5,45), cujas obras fazem, e são esposos, irmãos e mães de nosso Senhor Jesus Cristo (cfr. Mt. 12, 50). 8 Somos esposos, quando pelo Espírito Santo une-se a alma fiel a nosso Senhor Jesus Cristo. 9 Somos seus irmãos quando fazemos a vontade do Pai que está nos céus (Mt 12,50). 10 Mães, quando o levamos em nosso coração e em nosso corpo (Cfr. 1Cor 6, 20), pelo amor divino e a consciência pura e sincera; e o damos à luz pela santa operação, que deve iluminar os outros com o exemplo (cfr. Mt 5, 16)".

---

[49] Cf. RNB 22,32.
[50] Adm 1, 16-18. 22.
[51] RNB 22, 37-38; cf. Mt 18, 20.
[52] 1CF 1.

Para o santo de Assis, Jesus Cristo é o "verdadeiro homem na fragilidade de nossa carne"[53]. Francisco louva, agradece e exulta de alegria ao contemplar o natal do Senhor. O irmão de Assis concentra toda a sua atenção no Verbo que se fez carne. Trata-se de acontecimento central na cristologia e no plano de Deus[54]. Ao dar graças por este acontecimento sublime não pensa em primeiro lugar na redenção dos pecados, mas o medita em contexto da graça, da condescendência, da misericórdia de Deus em relação a nós[55]. Com o nascimento do seu Filho predileto Deus manifestou o seu amor por nós[56]. E porque estávamos cativos do pecado Ele nos redimiu.

O acontecimento do natal é o coroamento da manifestação do amor divino que tem o seu início na obra da criação do mundo e do homem como imagem do Filho[57]. No mistério da encarnação, na figura da criancinha de peito, pobre, inocente, indefesa, entregue nas mãos dos homens, Deus nos manifestou seu imenso amor. O pobrezinho de Assis experimenta e medita a vinda do Filho de Deus, o Altíssimo que se fez um de nós e sendo o Unigênito do Pai, tornou-se o "primogênito" da família humana. Em suma, fazendo-se na vida cotidiana um com Cristo, assumindo a vida de Cristo pobre, servo e crucificado parece continuar a dinâmica da encarnação do Senhor.

Olhando para a criancinha que se fez homem no seio de Maria, F. contempla a continuidade desse mistério ao longo da vida de Jesus, no momento da cruz e, de modo especial, hoje no sacramento da Eucaristia. Este mistério que se revela na carne humana, assumindo nossa fragilidade, pobreza e humildade se prolonga na vida sacramental da Igreja. Trata-se do mistério do amor de Deus que se nos dá totalmente ao se despojar de sua glória. Este Senhor da majestade se fez nosso irmão[58].

Por fim, contemplando o mistério da encarnação do Filho Jesus Cristo nos é revelado o ser de Deus que é Pai, Filho e Espírito Santo, santa Trindade e indivisa

---

[53] *"4 Esta Palavra do Pai, tão digna, tão santa e gloriosa, foi anunciada pelo altíssimo Pai lá do céu, por meio de seu santo anjo Gabriel, no útero da santa e gloriosa Virgem Maria, de cujo útero recebeu a verdadeira carne de nossa humanidade e fragilidade"*. 2 CF 4.

[54] 1 C 30, 84-86; LM 10, 7.

[55] *3 E te damos graças porque, assim como por teu Filho nos criaste, assim por teu santo amor, com que nos amaste (cfr. Jo 17,26), fizeste que ele, verdadeiro Deus e verdadeiro homem, nascesse da gloriosa sempre virgem beatíssima Santa Maria, e quiseste que nós, cativos, fôssemos redimidos por sua cruz e sangue e morte. RNB 23, 3.Cf. IAMARRONE, G. La Cristologia Francescana. p. 47.*

[56] *"A redenção do pecado não está em primeiro plano, mas o dom da presença da graça do Filho dileto entre os homens concretizado no Natal...". IAMARRONE, G. p.* 47.

[57] *Cf. IAMARRONE, G. p. 47. Cf. RNB 23, 1-5.*

[58] 2 C 150, 98.

unidade e, por conseguinte, podemos participar dessa família divina, onde todos somos filhos de um só e único Pai e irmãos e irmãs entre nós e com todas as criaturas.

2. Deus em São Francisco de Assis.

Propomos apresentar neste estudo alguns aspectos que caracterizam a visão de Deus na devoção, na experiência de fé e pensamento de são Francisco de Assis. Quem é Deus segundo o pai seráfico? Considerando a contemplação do filho de Deus, Verbo encarnado, experimentamos profundamente o ser de Deus[59].

Na experiência, na piedade e no pensamento de são Francisco, Deus é aquele que nos interpela continuamente à penitencia e à conversão para que sejamos dom de amor para o outro. Deus na fé de são Francisco não é mera ideia ou doutrina ou ainda lista de preceitos morais, mas alguém que o interpela e o chama para ser seu servo, imitador ou discípulo. Francisco o encontra ou experimenta na oração, no deserto, isto é, na interiorização e meditação do Evangelho e na vida de penitencia.

O conhecimento de Deus em Francisco não é abstrato, idealista ou imaginário, mas vivido à luz da Palavra divina, motivando-o ao desejo que o orienta para um fim, o impulsionando para o bem. Esse encontro com Deus se traduz em verdadeiro apelo rumo a bondade. Trata-se de um convite para mudar, a "suavizar" o mundo, a ser bom. Diante da imperfeição do mundo, a fé lhe orienta a seguir um caminho; a ser discípulo do Senhor; a escolher não ao servo, mas ao Senhor. Francisco faz a experiência do encontro com Deus de modo que transforma e muda radicalmente a sua vida. Não se trata de um pietismo ou devocionalismo ou conhecimento de doutrina, mas relação pessoal que orienta e transforma a sua vida. Esse encontro pessoal com Deus modela a sua vida de modo evangélico, conformando-o a Cristo.

Francisco descobre e experimenta à luz da Palavra divina um Deus que lhe é muito íntimo e pessoal a quem ele considera verdadeira "caridade". Deus é caridade nos recorda são João evangelista[60] A revelação de Deus como caridade orienta e unifica inteiramente o sentido de sua vida. Por conseguinte, é na fraternidade universal que Francisco experimenta Deus como caridade. A fé nesse Deus que é caridade pura transforma e forma a vida de Francisco; modela o seu itinerário espiritual. O

---

[59] POMPEI, Alfonso. *"Deus, Trindade, Senhor"*, in, CAROLI, Ernesto. (org.). *Dicionário Franciscano*, trad. bras. 2ª ed. Petrópolis: Vozes e Cefepal, 1999, p. 141-158.
[60] 1 Jo 4,8.

conhecimento do Deus-caridade orienta e exige uma vida de pobreza que permite a vivencia da fraternidade. Sair do eu isolado e egoísta para se realizar na "solidariedade do nós".

Para Francisco Deus é "beleza" e "alegria". Deste modo, está diante de sua presença lhe traz muita alegria e júbilo. O próprio Deus se revela como única fonte de júbilo e alegria[61]. A perfeita alegria é somente Deus, porque Ele é a própria bondade e beleza. O mundo para Francisco não é mero campo de batalha na luta do homem contra as forças do mal, mas também se mostra como espelho claro da beleza de Deus[62]. Contemplando tal realidade do mistério divino que se deixa encontrar no colorido, na variedade e na grandeza da criação, Francisco juntamente com as criaturas lhe estimula a "admiração" e também a "êxtase", ou seja, atitude de saída de si, do seu eu egoísta para alcançar a vida em comunhão com Deus[63]. Junto às criaturas lhe parecia estar mais próximo de Deus. Daí porque a contemplação de Deus na criação lhe causa tanta "alegria". Este Deus é o "Deus da alegria".

Além disso, Francisco experimenta a Deus como "Altíssimo". Deus é livre, soberano, autônomo, poderoso, muito maior do que tudo. Por isso, não é um Deus que se deixa se "usar" segundo os nossos caprichos e conceitos. Não é Ele quem se conforma a nós, mas somos nós que devemos nos conformar a Ele. Deus não é nossa ferramenta ou objeto de utilidade visto que experimenta a Deus em sua absoluta liberdade e gratuidade. Também não somos meros instrumentos, mas sinais irradiadores da majestade, da beleza e da bondade de Deus.

Diante desse Deus "Altíssimo", Francisco cultiva a "humildade", reconhecendo assim a sua própria miséria em proporção à grandeza de Deus. Ele está para além de tudo e até mesmo dos projetos humanos.

"Quem és tu, ó dulcíssimo Deus? E quem sou eu, verme muito vil, inútil servo teu?"[64].

O pai seráfico diante da majestade divina se apercebe em sua pequenez, insignificância e carência.

---

[61] Ad 21, 2.
[62] 2C 165.
[63] POMPEI, Alfonso. p. 152.
[64] CCE 3, 5.

É em seu Testamento que Francisco invoca a Deus como "Altíssimo". Esse Deus é absoluto transcendente. Assim pensa Francisco que a grandeza do homem só pode estar na presença de Deus, porque somente Deus é grande. Diante Dele, o Altíssimo, conhecemos a nossa insignificância e insuficiência. Para Francisco o Altíssimo evoca igualmente

"a majestade de Deus, porque somente Ele é santo"[65].

Para Francisco, Deus é o "sumo Bem"[66]. Neste sentido, o pobrezinho de Assis experimenta e celebra a Deus como "bondade", contemplando em todas as coisas a bondade do Senhor[67]. Para ele Deus é o único "Bom"[68]. Só Deus é bom[69]. Diante do sumo Bem, Francisco quer ser somente servo[70]. Francisco anseia, ou melhor, deseja corresponder ao sumo Bem visto que Deus é o único e verdadeiro bem[71]. Neste sentido, se entende atitude em assumir a pobreza voluntária. Francisco se despoja de tudo; não querendo se apoderar ou possuir nada em vista de alcançar a verdadeira riqueza e grandeza que é Deus, o sumo Bem. Por conseguinte, o irmão de Assis olha o mundo como amado e criado por Deus. Daí porque as criaturas em seu simbolismo não expressa maldade, mas somente bondade que procede de Deus, o Altíssimo e sumo Bem.

O pobrezinho de Assis tem uma meta clara a alcançar. Ele se propõe chegar à perfeição evangélica. Está sempre a confrontar a sua vida às exigências ou apelos do Evangelho. Ele deseja se conformar inteiramente a Cristo em seu caminho de cruz. O crucificado é o ressuscitado que vive e atua hoje no meio do seu povo. Este Cristo está continuamente lhe interpelando a segui-lo em vista do louvor ao Deus de bondade, fonte e cume de toda bondade.

Portanto, Francisco experimenta esse Deus de bondade, o único e sumo bem, revelado segundo o Evangelho, e encontrado na vida de pobreza, na fraternidade, nos pobres e em toda criação. Ao encontrar esse Deus, Francisco se propõe deixar

---

[65] RNB 23.
[66] RNB 23, 27-30; 17, 17, 17-18.
[67] 1C 80, 83; 2C 165-171; LM 9, 1; LP 51.
[68] RNB 17; Ad 7; 2 CF 61-62.
[69] 1C 82.
[70] 2C 159.
[71] POMPEI, Alfonso. *"Deus, Trindade, Senhor"*, in, CAROLI, Ernesto. (org.). *Dicionário Franciscano*, p. 151.

radicalmente o mundo, ou seja, o eu egoísta e egocêntrico – para encontrá-lo na vida de pobreza, na fraternidade, na missão, na oração, nos vestígios de Deus nas criaturas, etc.

Não se trata de uma comparação ou graduação do sumo Bem. Deus não é o bem maior e, por conseguinte, mais útil. Francisco não pensa de forma utilitarista[72]. Mas acentua a distancia e a transcendência de Deus em relação às criaturas. Só Deus é bom e, portanto, o Altíssimo. Deus se revela em nossa "miséria", mas não é o Deus de nossa miséria. Ele deve ser amado como "sumo Bem", como amigo ou esposo de nossa alma.

Deus quer ser correspondido em seu amor por nós. Igualmente, o Filho é nosso irmão; não um objeto a ser útil para mim. A atitude do verdadeiro amor, ao contrário, é gratuito, generoso e disponível. Amor que se doa sem querer nada em troca. Assim é o amor de Deus para conosco, assim deve ser nosso amor a Deus e para com as criaturas. O ser humano é muito mais do que posse. Neste sentido, se entende o significado da pobreza evangélica como libertação do instinto de posse para a prática do verdadeiro amor que gera fraternidade.

Francisco cultiva a fé e a piedade no Deus Trindade. O pobrezinho de Assis experimenta ao Deus de bondade, o sumo Bem como Trindade e se refere continuamente a cada Pessoa divina em particular. A teologia do santo segue a ortodoxia católica. Com e segundo a Igreja Francisco professa e vive a sua fé na ssma. Trindade.

Francisco louva a Deus, chamando-o de "humilitas", ou seja, humilde[73]. Deus é altíssimo porque humilde; é humilde porque caridade. Esta oração de louvor se dirige ao Deus uno e trino, de modo especial ao Pai. Tal expressão não designa a condição pobre do Filho em sua vida terrestre, mas expressa o amor do Pai no movimento de descida do seu Filho, ou seja, na encarnação. Francisco sempre procura mostrar a manifestação do amor do Pai com a Vinda de seu Filho. A expressão "Humildade de Deus" não é simplesmente uma virtude, mas um ato real pelo qual Deus em sua condescendência e gratuidade continua e eterna se doa a Si mesmo através da encarnação de Cristo.

---

[72] POMPEI, Alfonso. *"Deus, Trindade, Senhor"*, p. 149.
[73] LDA 2-4. Cf. NGUYÊN-VAN-KHANH, Nobert. *Le Christ dans La pensée de Saint Francis d'Assis ed'Aprés sés écrits*, Paris: ed. Franciscaines, 1989, p. 136-139.

Na carta ao capítulo geral, ao tratar da Eucaristia, F. também fala da humildade de Deus[74]. Deus se revela em sua humildade ao longo da história da salvação e de modo particular na Eucaristia. A fonte da humildade divina se encontra na pessoa do Pai eterno[75]. Assim o rosto de Deus segundo Francisco apresenta dois traços fundamentais: "Altíssimo e Humilde", expressando o movimento de descida ou abaixamento no Verbo encarnado. A esta iniciativa de amor de Deus em Jesus Cristo, o homem responde se ofertando por amor a Trindade, seguindo este movimento divino de abaixamento e de despojamento de si mesmo em favor dos irmãos.

O irmão de Assis também experimenta a Cristo como "mediador"[76]. Respaldado pela meditação do evangelho de João, F. pensa a pessoa de Jesus como mediador entre o Pai e a humanidade, cujo ponto de partida é ação do Espírito Santo. Eis porque esse encontro com Cristo e com o Espírito Santo nos é revelada a pessoa do Pai. Trata-se da experiência paterna da Trindade visto que a pessoa do Pai muito marca a espiritualidade do pobrezinho de Assis. Através de Cristo, ele experimenta o convívio familiar com a Trindade divina. Por conseguinte, F. interpela e convida a todas as criaturas a vivenciar por meio de Cristo esta intimidade familiar da Trindade.

Para o pai seráfico a pessoa de Jesus medeia o "retorno ao Pai" porque somente no Pai se encontra a meta ou fim de nosso itinerário vocacional. Seguindo as pegadas de Cristo retornamos ao Pai. Cristo está no centro de sua vida de fé. Entretanto, tal cristocentrismo é sempre teologal, visa continuamente a meta ser atingida na intimidade com o Pai. É sempre Cristo com o Espírito que nos remete a vontade do Pai. Com efeito, Jesus Cristo é o "filho" e o "irmão", que nos manifesta a misericórdia paterna que nos perdoa e nos acolhe.

Portanto, no mistério integral de sua pessoa é atribuída a Cristo função mediadora: como Verbo encarnado, em suas palavras, ensinamentos e ações na história, como Cristo pobre, peregrino e crucificado. Como Senhor glorioso presente na Igreja, na Palavra e na Eucaristia e nos sacramentos. Cristo como caminho, pastor, guia e também exemplo. Desde a história, no mistério de sua encarnação, Cristo é mediador segundo o pobrezinho de Assis. Com Cristo passamos deste mundo ao Pai.

---

[74] CO 3, 27-29.
[75] NGUYÊN-VAN-KHANH, Nobert. p. 138.
[76] IAMARRONE, G. *La Cristologia Francescana: impulsi per Il presente*. Studi francescani 1. Padova: Edizioni Messaggero, 1997, p. 72-80.

A pessoa do Pai pela mediação de Jesus Cristo é a raiz de uma experiência mística de Deus segundo os versos da exposição do Pai nosso (Pater Noster)[77]. Diante da abertura do homem a tal experiência se torna a base de uma fraternidade concreta, raiz, sinal e garantia de uma humanidade nova que encontrará sua plena realização em Deus[78]. Portanto, o encontro com Cristo na dinâmica vivificadora do Espírito Santo nos remete a experiência filial com o Pai celeste que gera já na terra vida fraterna, nos amando uns aos outros, nos colocando a serviço, perdoando e nos reconciliando entre nós. Esta vida fraterna se consumará no encontro definitivo com o Pai.

Em suma, nos recorda Giovanni Iamarrone, Francisco se refere a Jesus Cristo de modo integral, compreendendo a todos os mistérios da vida de Jesus, da encarnação ao retorno glorioso do Ressuscitado em vista de nossa salvação[79].

Dito isto perguntamos: quais os aspectos da doutrina da Trindade são familiares a são Francisco?

Francisco pensa na unidade e trindade em Deus; refere-se a cada Pessoa divina em particular e percebe que cada uma delas está sempre em ação, atuando a obra da criação, na redenção e na salvação. No seio da Trindade reina suma majestade, santidade, bondade, caridade, igualdade. Deus é Trino e Uno Pai, Filho e Espírito Santo. Essa linguagem da pregação de Francisco recorda a linguagem teológica dos Padres da Igreja como, por exemplo, Santo Agostinho, e de teólogos medievais como Pedro Lombardo. Lembra também as declarações do Concílio de Latrão (1215)[80].

As três Pessoas agem em conjunto na criação e na redenção. A Deus-Pai Francisco atribui particularmente a "bondade". Essa propriedade está ligada à paternidade de Deus. Ao Pai é atribuída a obra da criação e da encarnação. Ele é a origem da Trindade, quer dizer, está na raiz do mistério trinitário[81]. Do Pai se origina a missão do Filho e do Espírito Santo. O Filho realiza a encarnação e a redenção enquanto ao Espírito Santo é atribuída a inabitação e a santificação. O Espírito atua em nós para nos santificar, purificar, iluminar, ensinar, etc.

---

[77] IAMARRONE, G. *La Cristologia Francescana: impulsi per il presente*. p. 80.
[78] Ibid.
[79] Ibid. p. 33-34.
[80] POMPEI, Alfonso. p. 156.
[81] Ibid. p. 156-157.

E assim como existe uma relação de íntima caridade e familiaridade no seio da Trindade, somos nós também associados a essa intimidade de Deus participando de sua família divina, onde reconhecemos que Deus é o nosso Pai, Cristo é nosso irmão maior e todos nós somos irmãos. Com efeito, somos chamados a sermos filhos de Deus, esposos e irmãos de Jesus Cristo.

Qual é o papel do Filho Jesus Cristo na manifestação do rosto de Deus?

Explica Giovanni Iamarrone que o santo de Assis reza, medita e reflete o lugar de Jesus Cristo como "revelador do Pai"[82]. Francisco encontra na pessoa e na missão de Jesus a manifestação não somente do Pai, mas também de Deus e de toda Trindade[83].

Meditando o evangelho de são João de modo especial pensa na mediação e consequente papel revelador do Filho, Verbo de Deus encarnado na obra da salvação.

"1 Diz o Senhor Jesus a seus discípulos: Eu sou caminho, verdade e vida; ninguém vai ao Pai se não por mim. 2 Se conhecesses a mim, também conheceríeis certamente meu Pai; e desde agora o conheceis e o vistes. 3 Diz-lhe Filipe: Senhor, mostra-nos o Pai e basta para nós. 4 Diz-lhe Jesus: Tanto tempo estou convosco e não me conhecestes? Filipe, quem me vê, vê também meu Pai (cf. Jo 14,6-9). 5 O Pai habita a luz inacessível (cf. 1Tm 6,16), e Deus é espírito (Jo 4,24), e a Deus nunca ninguém viu (Jo 1,18)"[84].

Nesta passagem de suas admoestações, Francisco reflete a função do Filho como revelador do rosto do Pai. A sua manifestação procede do Pai e não de outro. Jesus mesmo é o caminho[85]. A segunda pessoa no mistério da encarnação, chamado de servo e crucificado, é a chave que nos permite conhecer ao Pai.

Ele não usa formalmente o termo "revelação", mas na interpretação de seus escritos se percebe claramente o lugar de Cristo como a manifestação do Pai aos homens. No Ofício da Paixão reza que o Pai enviou o seu Verbo, o Filho para

---

[82] IAMMARRONE, Giovanni. *Gesù Cristo, Volto del Padre e Modello dell'Uomo. L'apporto della visione francescana.* Padova: Edizioni Messagero, 2004. p. 35.
[83] IAMMARRONE, Giovanni. Ibid.
[84] Adm 1, 1-5.
[85] RNB 2, 44.61.

manifestar aos homens o seu amor[86]. Com efeito, a encarnação do Filho amado é manifestação mesma do Pai e de seus desígnios[87].

A passagem da regra não bulada mostra a manifestação do mistério trinitário e dos seus desígnios através de Cristo[88]. Jesus Cristo é o mediador do plano divino da salvação. Sendo mediador e se encontrando no centro do mistério da salvação, Deus revela o seu rosto paternal e os seus desígnios em relação aos homens. É o Pai mesmo que deseja revelar-se a si mesmo e os seus desígnios na pessoa do Filho, homem e Deus.

O Filho que desceu do seio do Pai e se encarnou no ventre da Virgem Maria, dado e nascido por amor a nós, assumindo a morte de cruz, revela a salvífica "vontade do Pai"[89]. A paixão e a cruz resultam da iniciativa do amor do Pai que se realiza e se manifesta aos seres humanos em virtude da obediência amorosa do Filho em sua humanidade. Deste modo, Jesus sofredor e crucificado é a revelação do amor salvífico do Pai[90].

O pai seráfico ao declarar que Cristo é a "verdadeira luz" e a "verdadeira sabedoria do Pai"[91], revela a ação mesma do Pai nele e por meio dele que se apresenta e se oferece como guia de nossos passos. Igualmente, Cristo é o "irmão e filho" que o Pai nos enviou para manifestar o seu perdão e o seu rosto de Pai misericordioso[92].

Jesus ao descer do alto é dado como dom que manifesta aos homens o rosto misericordioso do Pai. Este dom desce todos os dias como dom cotidiano ao ser oferecido na Eucaristia; este deve ser acolhido com espírito de gratidão e continuamente ser invocado.

Essa manifestação do dom do Pai se dá pela ação do Espírito Santo[93]. Neste sentido, a função reveladora do Filho acontece juntamente com a iluminação do Espírito

---

[86] OP 1, 4.
[87] [1]*Cantai ao Senhor um cântico novo, porque ele fez maravilhas* (Sl 97,1). [2]A seu Filho amado sacrificou sua destra *e seu santo braço* (cf. Sl 97,1). [3]*O Senhor fez conhecer a sua salvação, diante dos povos revelou sua justiça* (Sl 97,2). [4]*Naquele dia o Senhor ofereceu sua misericórdia, e à noite foi cantado o seu louvor* (Sl 41,9).[5]*Este é o dia que o Senhor fez; exultemos e nos alegremos nele* (Sl 117,24)". OP 9, 1-5.
[88] RNB 23, 1-8. IAMMARRONE, Giovanni. p. 36.
[89] Cf. 2 CF 1, 11. IAMMARRONE, Giovanni. p. 37.
[90] Ibid.
[91] 2 OP 21, 67.
[92] 2 OP 5, 56. Ibid. p. 38.
[93] Ibid. p. 38-39.

Santo. Deste modo, Francisco inclui toda Trindade na função reveladora de Jesus Cristo. Portanto, a revelação do rosto misericordioso do Pai somente será possível pela participação do Espírito Santo que nos concede a capacidade de perceber e acolher este dom[94].

III. Antropologia teológica

Este texto da regra não bulada é um verdadeiro resumo da antropologia de são Francisco[95].

"1 Onipotente, santíssimo, altíssimo e sumo Deus, Pai santo (Jo 17,11) e justo, Senhor rei do céu e da terra (cfr. Mt 11,25), por ti mesmo te damos graças, porque por tua santa vontade e por teu único Filho com o Espírito Santo criaste todas as coisas espirituais e corporais e nós, feitos à tua imagem e semelhança, colocaste no paraíso (cfr. Gn 1,26). 2 E nós caímos por nossa culpa. 3 E te damos graças porque, assim como por teu Filho nos criaste, assim por teu santo amor, com que nos amaste (cfr. Jo 17,26), fizeste que ele, verdadeiro Deus e verdadeiro homem, nascesse da gloriosa sempre virgem beatíssima Santa Maria, e quiseste que nós, cativos, fôssemos redimidos por sua cruz e sangue e morte. 4 E te damos graças porque o teu próprio Filho virá na glória de sua majestade para colocar no fogo eterno os malditos que não fizeram penitência e não te conheceram, e dizer a todos que te conheceram e adoraram e te serviram na penitência: Vinde, benditos de meu Pai, recebei o reino, que está preparado para vós desde a origem do mundo (cfr. Mt 25,34)".

Que relação há entre Deus trino e uno e a existência humana? Nestas palavras de profundidade bíblico-teológica, ele sintetiza a razão da existência do homem no plano da salvação da Trindade em Jesus Cristo. O texto nos ajuda a refletir de forma ordenada sobre a criação, o pecado original ou a desobediência do antigo Adão, a graça da salvação e o fim último do homem (escatologia).

Desde o principio, Deus nos criou a sua imagem e semelhança para vivermos no paraíso. Essa realidade intui a harmonia original e a fraternidade universal e cósmica dos homens entre si e com todas as criaturas. Mas por causa de seu pecado, o homem

---

[94] Ibid. p. 39.

[95] RNB 23, 1-4:

perdeu o paraíso, criando uma realidade que rompeu com o plano divino. O homem por sua própria vontade e culpa não ouviu a Palavra de Deus, mas se deixou seduzir pela serpente, figura do mal, perdendo consequentemente a sua amizade com Deus e o seu estado de graça original. Com efeito, destruiu a concórdia e a harmonia dessa fraternidade primitiva.

Por conseguinte, corrompeu a sua imagem e semelhança com Deus. Entretanto, Deus por causa de seu grande amor com que nos amou, realizando o mistério da encarnação, quis nos redimir pela paixão e morte de cruz de seu Filho. Cristo, o Unigênito do Pai desceu até nós, assumiu no seio da Virgem nossa carne e, na graça da união hipostática pela ação do Espírito Santo, se fez verdadeiro homem e verdadeiro Deus, conforme professa a fé da Igreja.

Por fim, somos destinados à participação na consumação da glória e ao julgamento por ocasião da Vinda definitiva de Cristo. Segundo a sua promessa Ele virá definitivamente para julgar os vivos e os mortos.

Nesta reflexão buscamos aprofundar a antropologia teológica de São Francisco, considerando estes três momentos, segundo a ordem: teologia da criação, teologia da graça e escatologia.

1. Teologia da criação

A história da salvação tem início com a ação criadora de Deus. Na obra da criação, Cristo tem um lugar fundamental. Ele é ao mesmo tempo "Criador e Salvador". Mas, qual é esse papel de Cristo na obra criadora do Pai? Francisco pensa na mediação do Filho de Deus. Ele é o "mediador" na ação criadora[96].

---

[96] Cf. BASILIO DEL ZOTTO, *Cornélio, "criado, criação, natureza, imagem de Deus, ecologia"*, in, CAROLI, Ernesto. (org.). Dicionário Franciscano, trad. bras., 2ª ed. Petropolis: Vozes, Cefepal, 1999, p. 120-127. IAMARRONE, Giovanni, *La Cristologia Francescana: Impulsi per il presente*. Pádua: Ed. Messaggero, 1997, p. 40-45. FREYER, Johannes B. Homo Viator, *L'uomo alla luce della storia della salvezza, Un'antropologia teológica in prospectiva francescana*, corso di teologia spirituale 12. Bologna: EDB, 2008, p. 33-43. NGUYÊN-VAN-KHANH, Nobert. *Le Christ dans La pensée de Saint Francis d'Assis d'aprés sés écrits*, Paris: ed. Franciscaines, 1989, p. 87-107.

Toda Trindade participa na obra da criação, contudo, compete ao Filho a ação mediadora. O Pai cria em seu Filho e com o Espírito Santo. Deus cria por amor e a criação é o primeiro motivo de nossa ação de graças[97].

"1 Onipotente, santíssimo, altíssimo e sumo Deus, Pai santo (Jo 17,11) e justo, Senhor rei do céu e da terra (cfr. Mt 11,25), por ti mesmo te damos graças, porque por tua santa vontade e por teu único Filho com o Espírito Santo criaste todas as coisas espirituais e corporais e nós, feitos à tua imagem e semelhança, colocaste no paraíso"[98].

Para o pai seráfico, o Deus criador tem essencialmente um rosto paternal[99]. Ele é Pai de todas as criaturas. Dizendo assim ele não se expressa de modo teórico ao considerar essa convicção, mas natural e espontaneamente. Ele as chama de irmãos e irmãs de modo muito natural, significando profundamente que o Deus criador é Pai, afirma Nguyên Van Khanh[100]. Em seu cântico ao irmão sol, ele descobre uma consanguinidade fraterna porque todas as criaturas remontam ao Criador[101]. Essa ação criadora da Trindade em Cristo configura a existência e estabelece profunda relação com toda criação.

Todas as criaturas foram criadas em "Cristo, Verbo encarnado". Assim, toda Trindade cria e se revela por meio delas. As criaturas falam do criador; manifestam sua grandeza e beleza. Porque criadas em Cristo nelas se manifestam as marcas de sua presença e operação. Elas emitem "sinais", em linguagem simbólica, que não somente indicam, mas nos conduzem ao Criador.

Ao contrário dos movimentos heréticos de seu tempo que consideravam a criação como campo hostil e perigoso para o homem, F. a contempla como lugar da revelação e salvação de Deus. O mundo não é mero campo de batalha contra os príncipes das trevas, mas também espelho claríssimo da bondade divina, pensa[102].

Para o santo de Assis, a criação é uma verdadeira obra de arte, esculpida e modelada por Deus. Deste modo se apresenta realmente "bela" ou "belíssima" porque

---

[97] NGUYÊN-VAN-KHANH, Nobert. *Le Christ dans La pensée de Saint Francis d'Assis d'aprés sés écrits*, p. 87-89.
[98] Cf. Gn 1,26; RNB 23, 1.
[99] NGUYÊN-VAN-KHANH, Nobert. p. 89.
[100] Ibid.
[101] Id. Cf. LM 8, 6.
[102] 2 C 124 n. 165.

nela contemplamos a presença de Deus, fonte de toda beleza[103]. Com efeito, ela nos evangeliza; proclama a sabedoria e a bondade de Deus. Em suma nos comunica a graça e nos faz conhecer a sabedoria divina.

"As criaturas são 'sinal', imagem, presença, revelação do Artífice sapientíssimo, que criados a serviço do homem, ordenando-os de tal forma que atingissem sua plenitude Naquele que de Deus é 'imagem e semelhança'"[104].

O pai seráfico tem uma visão reverencial e otimista da criação. A mesma não é um obstáculo ao homem, mas ao contrário, é um meio pela qual ascendemos a Deus[105]. Por meio dela podemos contemplar o ser divino. A criação é revelação e epifania de Deus[106]. A interação e comunicação com elas lhe causa muita alegria.

"2 Como contar o afeto que tinha para com todas as coisas de Deus? 3 Quem seria capaz de mostrar a doçura que sentia quando contemplava nas criaturas a sabedoria, o poder e a bondade do Criador?[107]*"*

Pela mediação criadora do Verbo de Deus foi modelada de modo a revelar Aquele que é o "irmão" e "primogênito de muitas criaturas"[108]. Cristo tem uma relação íntima, profunda e existencial com as criaturas. Além de ser o seu criador e mediador, é também o seu "fim". Porque em Jesus Cristo não somente encontram a razão de sua existência, mas também o seu destino e finalidade[109]. Entretanto, mais do que cristológica, essa revelação é também "trinitária".

Francisco contempla e louva ao criador em cada criatura, e ainda lhes dirige a sua pregação. Tem um cuidado e afeto todo especial para com todas porque intui o seu valor sagrado e sua profundidade na relação conosco porque nós e todas as criaturas procedemos de uma única e mesma fonte: a Trindade divina[110]. O pai seráfico não quer ser irmão somente dos homens, mas também de todas as criaturas e convida o ser humano ao louvor, a ação de graças e a comunhão fraterna com todas elas.

---

[103] LM 9, 6.
[104] Cf. Gn 1, 26; Adm 5, 1; cf. BASILIO DEL ZOTTO, Cornélio. *"Criado, criação, natureza, imagem de Deus, ecologia"*, p. 120.
[105] LM 9, 1; EP 113.
[106] BASILIO DEL ZOTTO, Cornélio. p. 121.
[107] 1 C 29 n. 80.
[108] Cl 1, 15.
[109] Ibid.
[110] LM 8, 6.

O pobrezinho de Assis se relaciona com as criaturas como se fossem pessoas humanas dotadas de personalidade. Ele as chama de "irmãs e irmãos". Certamente, porque contempla em todas elas os traços ou marcas de Cristo, Verbo do Pai e nosso irmão. Uma nova relação com a criação é estabelecida. Não quer possuí-las nem dominá-las, mas chamá-las pelo nome[111].

Já que Cristo assumiu o corpo humano, síntese do universo, na encarnação do Verbo, não somente os seres humanos são chamados "filhos", mas também as demais criaturas são "filhas" no "Filho amado" e, por conseguinte, irmãs e irmãos em Cristo. Nessa argumentação se estabelece o principio teológico da fraternidade cósmica.

"5 Afinal, chamava todas as criaturas de irmãs, intuindo seus segredos de maneira especial, por ninguém experimentada, porque na verdade parecia já estar gozando a liberdade gloriosa dos filhos de Deus"[112].

Igualmente, nesta linha de pensamento, considerando as suas atitudes de afeto, cuidado e amizade para com os seres criados segundo testemunho dos biógrafos[113], Francisco instaurando nova relação com elas, liberta-as dos gemidos de sua prisão, conduzindo-as a "liberdade gloriosa dos filhos de Deus"[114].

Francisco rompe essa relação de egoísmo, fechamento e dominação que é própria do homem velho, corrompido pelo pecado, passando ao estado da liberdade dos filhos de Deus redimidos em Cristo. Assim se entende porque o pai seráfico assume a pobreza voluntária e evangélica[115].

Ao contemplar a presença do Criador na criação, ele percebe o seu valor e dignidade e se dirige com amor e afeto para com elas. A criatura não é mera matéria bruta, mas "símbolo de Deus" que reluz na variedade do seu ser a presença de Deus, nos

---

[111] 1 C 80; EP 118, 119.

[112] 1 C 29 n. 81.

[113] 1 C 29 n. 80-81: *"6 Tinha um amor enorme até pelos vermes, por ter lido sobre o Salvador: Sou um verme e não um homem. 7 Recolhia-os por isso no caminho e os colocava em lugar seguro, para não serem pisados pelos que passavam. 8 Que poderei dizer mais sobre as outras criaturas inferiores, se até para as abelhas, para que não desfalecessem no rigor do frio, fazia dar mel ou um vinho de primeira? 9 A operosidade e o engenho das abelhas exaltavam-no a tão grande louvor de Deus que muitas vezes passou o dia louvando a elas e às outras criaturas"*.

[114] Rm 8, 21. Cf. BASILIO DEL ZOTTO, Cornélio. p. 121.

[115] Ibid.

remetendo Aquele que é a Origem, a Beleza, a Sabedoria e o sentido de todas as coisas[116].

Francisco tem atitude reverencial para com todas as criaturas, considerando-as sempre na grandeza de sua variedade, distinção e beleza. Com efeito, se estabelece verdadeira relação de amor fraterno que em espírito de comunhão, as mesmas lhe retribuem o seu amor[117]. Não há monólogo, mas sempre diálogo, não só com os homens, mas com todas as criaturas.

"1 Assim, todas as criaturas procuravam retribuir o amor do santo e recompensá-lo à altura, com gratidão. Sorriam quando as acariciava, atendiam quando chamava e obedeciam quando mandava"[118].

O louvor é perfeito quando com todas as criaturas louvamos a Deus, restituindo com o nosso cântico e com a nossa vida o bem que Ele nos faz e nos concede. Porque somente Ele é a fonte de todo Bem, de toda beleza. Em seu cântico às criaturas intui o retorno do paraíso perdido por causa do pecado de Adão e Eva. Em comunhão cósmica todos são chamados a louvar ao Senhor e, por conseguinte, reconquistar a fraternidade original desse paraíso.

Sua atitude de despojamento e opção pela pobreza evangélica mostra com clareza o desejo de não usar as criaturas como objeto de manipulação, de posse ou de poder, mas como lugar de contemplação, de união e de serviço a Deus. A pobreza evangélica é o principio prático dessa "nova relação".

"Atribuamos ao Senhor Deus altíssimo todos os bens..."[119].

Nada nos pertence. Tudo é dom de Deus de modo que devemos nada guardar para si, mas partilhar os dons materiais e espirituais que Dele recebemos. Razão da criação é a partilha e a participação de todos e tudo na realização do Reino celeste. Daí porque em Cristo toda criatura se apresenta como "dom" ao outro.

---

[116] 2 C 124 n. 165.

[117] 2 C 125; c. 126-130. Francisco estabelece relação de dialogo fraterno com as criaturas. Tomás de Celano fala dessa relação de amor e respeito recíproco ao falar do irmão fogo; dos passarinhos, do falcão, das abelhas; do faisão, da cigarra.

[118] 2 C 125 n. 166.

[119] RNB 17, 17-19; 23, 31-34, etc.

Por conseguinte, considerando a reflexão acima, perguntamos: que relação há entre as pessoas divinas e a criação segundo visão de são Francisco? E qual o papel próprio e particular na ação criadora?

Para Francisco em seu mistério de amor, a Trindade age e interage na obra da criação. Uma Pessoa divina sempre está agindo com a Outra. Entretanto, cada Pessoa divina interage segundo o seu papel próprio e especifico.

Deus na criação age como Pai em sua onipotência, em sua santidade e justiça e, por conseguinte, exerce sua soberania sobre toda criação[120]. Francisco atribui à pessoa do Pai a origem e a causa da criação[121]. Por conseguinte, através da obra de suas mãos manifesta a sua santidade[122].

Essa relação do Pai com a criação encontra um lugar central[123]. Deus, o Pai é Aquele que efetivamente age e é a origem da criação e da vida. Ele é a fonte de toda vontade criadora[124]. No ato da criação Deus, o Pai age por meio de sua "vontade" e do seu Filho[125].

"1 Onipotente, santíssimo, altíssimo e sumo Deus, Pai santo (Jo 17,11) e justo, Senhor rei do céu e da terra (cfr. Mt 11,25), por ti mesmo te damos graças, porque por tua santa vontade e por teu único Filho com o Espírito Santo criaste todas as coisas espirituais e corporais e nós, feitos à tua imagem e semelhança, colocaste no paraíso (cfr. Gn 1,26)".

No ato criador, por causa de sua precedência, a pessoa do Pai tem sempre a primazia. Nele está o inicio da ação criadora que é sempre participada com as outras Pessoas divinas de modo indivisível e inseparável.

O Pai cria por meio de sua vontade, isto é, por meio do seu Filho. No mesmo ato da criação Deus, o Pai age por meio de sua vontade e de seu filho[126]. A produção da criação por meio de seu único Filho é de igual significado e é conexa à criação por meio

---

[120] FREYER, Johannes B. Homo Viator, *L'uomo alla luce della storia della salvezza, Un'antropologia teologica in prospectiva francescana,* corso di teologia spirituale 12. Bologna: EDB, 2008, p. 33-35.
[121] NGUYÊN-VAN-KHANH, Nobert. p. 95.
[122] FREYER, Johannes B. p. 35.
[123] FREYER, Johannes B., p. 36.
[124] NGUYÊN-VAN-KHANH, Nobert. p. 95.
[125] RNB 23, 1.
[126] RNB 23, 1; cf. FREYER, Johannes B. p. 36.

da vontade[127]. Neste sentido, o pai seráfico dá ao Filho um papel chave como aquele da vontade do Pai.

É o Pai que por meio do Filho e com o Espírito Santo cria, forma e vivifica[128]. Não somente cria, mas dá forma a semelhança do seu Filho. Todas as coisas são modeladas à "imagem" do Filho. Por sua vez, o Espírito é a Pessoa que conserva e ao mesmo tempo dá a vida[129]. O Espírito Santo é o principio que vem de Deus e que promove a vida, vivifica a criação, o homem e sua relação com Deus e com os outros. Este Espírito é "espírito e verdade", segundo o evangelho de João[130].

O Pai que pelo Filho cria forma todas as coisas com o Espírito que dá vida[131].

Portanto, a ação criadora de todas as coisas e do homem é uma ação da Trindade na qual cabe a cada uma das Pessoas um papel especifico. O Pai através de sua vontade é o ponto de "inicio" da criação; o Filho é o "meio" pelo qual o mundo é criado. O Espírito Santo é o "principio vital" que dá vida a todas as coisas lhes concedendo forma e figura[132].

"7 Outro modo é que, quando virem que agrada ao Senhor, anunciem a palavra de Deus, para que creiam em Deus onipotente, Pai e Filho e Espírito Santo, criador de tudo, no Filho redentor e salvador, e que sejam batizados e se tornem cristãos, porque quem não renascer da água e do Espírito Santo não pode entrar no reino de Deus (cfr. Jo 3,5)".

Em outra parte exorta:

"2 Temei e honrai, louvai e bendizei, dai graças (1Ts 5,18) e adorai o Senhor Deus onipotente na trindade e na unidade, Pai e Filho e Espírito Santo, criador de tudo".

O motivo da criação resulta da dinâmica trinitária. É fruto da relação de amor entre as Pessoas divinas[133]. Mediante a participação no mistério da encarnação toda criatura participa da vida da Trindade. Toda criação é inserida na dinâmica de amor e

[127] Ibid,
[128] FREYER, Johannes B. 37.
[129] Ibid.
[130] Jo 6, 64.
[131] FREYER, Johannes B., p. 38.
[132] Ibid. RNB 16, 7; 21, 2.
[133] RNB 23, 3.

das relações no seio da Trindade. A mesma é o inicio, o meio ou modelo e o fim de todas as criaturas. Deus em seu amor puro, gratuito e santo nos cria e nos redime. Tal é o motivo maior de nossa ação de graças segundo Francisco.

"3 E te damos graças porque, assim como por teu Filho nos criaste, assim por teu santo amor, com que nos amaste (cfr. Jo 17,26), fizeste que ele, verdadeiro Deus e verdadeiro homem, nascesse da gloriosa sempre virgem beatíssima Santa Maria, e quiseste que nós, cativos, fôssemos redimidos por sua cruz e sangue e morte"[134].

Em sua linguagem teológica sobre o ato criador da Trindade, F. supera todo dualismo e se afasta da doutrina catara[135]. Todas as coisas materiais e espirituais são boas porque criados por Deus e são manifestação de seu amor, onipotência e justiça.

Como distinguir o valor das criaturas e a dignidade do ser humano? Pela participação no mistério da encarnação se pode fazer essa distinção. Para Francisco enquanto a criação é um "símbolo de Deus", o homem é "imagem e semelhança" de Deus[136]. Daí porque resplandece no homem maior grau de dignidade. A concepção da criação segundo o pobre de Assis se orienta de modo antropocêntrico.

O que é o homem para São Francisco? Qual o seu lugar na criação? Qual o seu destino? Entre todas as criaturas o ser humano tem um lugar especial. Ele é "imagem e semelhança" de Deus e de modo mais particular imagem e semelhança de Cristo. Ele é capaz de amar e conhecer livremente a Deus e participar da natureza divina[137]. Sobre este assunto trataremos em seguida.

2. O lugar do homem na criação

"Onipotente, santíssimo, altíssimo e sumo Deus, Pai santo (Jo 17,11) e justo, Senhor rei do céu e da terra (cfr. Mt 11,25), por ti mesmo te damos graças, porque por tua santa vontade e por teu único Filho com o Espírito Santo criaste todas as coisas espirituais e corporais e nós, feitos à tua imagem e semelhança, colocaste no paraíso (cfr. Gn 1,26)[138].

---

[134] Ibid.
[135] FREYER, Johannes B., p. 39.
[136] FREYER, Johannes B. p. 111.
[137] 2 Pd 1, 4.
[138] RNB 23, 1.

O homem é criado à imagem e semelhança de Deus-Trindade[139]. Francisco faz uma leitura trinitária da razão do ser humano. Neste sentido, o homem encontra um lugar de dignidade maior entre as criaturas. É isso que o distingue das demais. Enquanto as criaturas revelam algo do ser de Deus e nos remetem a Ele, o ser humano é imagem e semelhança de Deus, reproduzindo em maior perfeição o ser da Trindade.

O homem sendo obra comum da ssma. Trindade não somente cria, mas o modela a sua imagem e lhe dá vida e respiração. O Pai cria com o seu Filho e com o Espírito Santo. A ação criadora de Deus nunca é isolada ou solitária, mas em comunhão trinitária. De modo que de forma dinâmica se imprime algo das três Pessoas divinas na criação e, de modo especial, na existência do homem.

O ser humano não somente foi criado, mas também formado a "imagem e semelhança" de Deus, conforme indica as citações do livro do Genesis[140]. Neste sentido, sendo imagem e semelhança de Deus pode conhecer o seu autor na criação; pode chamá-lo pelo nome e lhe dar graças. Deus cria o homem não só em sua individualidade, mas como criatura social, aberta aos outros, inserido na sociedade e membro de uma comunidade universal.

"Omnia spiritualia et corporalia". Deus criou todas as coisas corporais e espirituais. Essa passagem se refere provavelmente ao decreto do Concilio de Latrão contra a heresia "cátara"[141]. Esse grupo considerado herético pela Igreja na época defende e propaga doutrina dualista. Segundo a doutrina cátara, o Deus bom criou o mundo invisível dos espíritos, e o Deus mal criou o mundo visível. E deste pensamento religioso dualista e antagônico deriva mentalidade moral: a matéria é má, contrária à salvação, deve ser evitada. A alma, princípio espiritual, é boa e deve ser cultivada.

De modo mais real e singular, o santo de Assis interpreta o ser do homem em chave cristológica: ele é criado a imagem e a semelhança do Cristo, Verbo encarnado[142].

---

139 FREYER, Johannes B. p. 77-85; BASILIO DEL ZOTTO, *"criado, criação, natureza, imagem de Deus, ecologia"*, in: Dicionário Franciscano, p. 122-124; NGUYEN-VAN-KHANH, Nobert. *Le Christ dans La pensée de Saint Francis d'Assise d'aprés sés écrits,* Paris: ed. Franciscaines, 1989.
140 Gn 1, 26; 2, 15.
141 Cf. NGUYEN-VAN-KHANH, Nobert. p. 89.
142 Adm 5, 1.

"1 Considera, ó homem, em que grande excelência te pôs o Senhor Deus, porque te criou e formou à imagem de seu dileto Filho segundo o corpo e à sua semelhança segundo o espírito (cf. Gn 1,26)".

Segundo o texto das admoestações, o pai seráfico reflete de modo mais profundo a dignidade do ser humano como criatura de Deus. O homem em seu ser tem dimensão "cristocêntrica" porque está naturalmente ligado a Cristo e encontra em Cristo, o seu "modelo" originário segundo o qual o Pai cria com o Espírito. O Pai cria e forma com o Espírito em conformidade com Cristo. Assim Cristo é o meio e o modelo originário da criação.

Francisco não pensa o Filho em sua preexistência eterna, mas como Pessoa em sua divindade e humanidade. Neste sentido, se afasta do significado dado em Jo 1, 13 e se aproxima das declarações do símbolo apostólico[143]:

"10 Mas colocou sua vontade na vontade do Pai, dizendo: Pai, faça-se tua vontade (Mt 26,42); não como eu quero, mas como tu (Mt 26,39). 11 A vontade desse Pai foi que seu Filho, bendito e glorioso, que nos deu e nasceu por nós, se oferecesse por seu próprio sangue, como sacrifício e hóstia na ara da cruz; 12 não para si, por quem foram feitas todas as coisas (cfr. Jo 1,3), mas por nossos pecados, 13 deixando-nos exemplo, para que sigamos suas pegadas (cfr. 1Pe 2,21)".

Como se pode observar é mediante o Cristo crucificado que Deus criou e modelou o ser humano. Tal é o papel exemplar do Filho: Ele é a "imagem-tipo" da criação. O Filho é a imagem pela qual Deus, o Pai criou o homem[144]. Com efeito, o Pai cria não somente pelo Filho, mas também "modela" todo ser humano à "imagem e semelhança" de Cristo, Verbo encarnado.

Ao criar, o Pai já pensava na encarnação do seu Filho amado e criou e continua a criar todo homem à imagem do Filho que se fez carne. Daí porque o Filho é chamado de "primogênito" de toda criação. Provavelmente Francisco se inspira no texto a carta aos Colossenses:

---

[143] NGUYEN-VAN-KHANH, Nobert. p. 97-98; cf. 2 CF 1, 11-13.
[144] Cf. Adm. 5, 1.

"Ele é a imagem do Deus invisível, o primogênito de toda criatura, porque nele foram criadas todas as coisas nos céus e na terra..."[145].

Cristo é modelo ou forma exemplar pelo qual e no qual modela a sua criatura humana. O homem é formado a sua imagem e semelhança não somente em seu corpo, mas também em seu espírito. O pai seráfico interpreta a antropologia à luz da cristologia, não segundo a doutrina do Cristo pré-existente, mas aquela do Cristo Verbo encarnado, crucificado e glorificado.

Portanto, a excelência do ser humano dentre todas as criaturas encontra a sua razão no corpo e no espírito de Cristo, Verbo encarnado. Enquanto a palavra "corpo", usada por Francisco denota abertura e relação com os outros, o termo "espírito" significa abertura e relação com Deus.

Segundo Francisco, o corpo humano é resultado da participação na encarnação do Filho de Deus e, por sua vez, a sua alma imortal participa da bem-aventurança de sua plenitude espiritual[146].

O homem é inserido no mistério da encarnação. Neste sentido, em todo o seu ser, integralmente, enquanto totalidade de corpo e espírito participa da dinâmica da encarnação do Senhor. Mediante a Paixão não somente somos redimidos, mas associados ao mistério pascal do Senhor. Somos chamados a reproduzir em nossa vida a existência de Jesus, o crucificado, imitando os seus passos, tornando-nos seus discípulos. Por consequência, somos predestinados a participar da glória de sua Ressurreição.

Com efeito, em cada ser humano há algo do Filho encarnado. Todo homem é existência cristológica porque criado a imagem do Cristo, Verbo feito carne. Neste sentido, o homem tem um grau maior de dignidade e de proximidade com Deus. E responsabilidade maior de louvar e agradecer a Deus; e também responsabilidade maior de servir às criaturas.

O pai seráfico se afasta da concepção dualista que desvaloriza o corpo material que pensa o homem como existência meramente espiritual. Ao contrário, o santo de

[145] Cl 1, 15. BIBLÍA SAGRADA VOZES. Petrópolis: Vozes, 1996.
[146] Cf. BASILIO DEL ZOTTO, Cornélio. p. 123.

Assis concebe o homem como totalidade em unidade e síntese. O homem é mistério na unidade em seu corpo e em sua alma.

Para Francisco, o homem é essencialmente criatura, não está acima do Criador, nem é o Criador, mas está abaixo e subordinado a Deus. O homem não existe por si mesmo como produto mais elaborado de mais alta forma de evolução. Não existe por acaso, mas resulta da ação amorosa do Deus criador. Ele é criado, formado e querido por Deus como criatura. Nada lhe pertence naturalmente. Tudo vem de Deus[147].

Enquanto criatura é pobre e indigente. Somente Deus dá ao homem a vida e o direito à vida, à existência e o acesso a todos os bens. Sendo ele pobre em sua existência criatural só poderá encontrar a sua riqueza na relação espiritual com Deus. A Ele nada pertence, porque é completamente dado a si mesmo[148]. Para Francisco o homem é pobre e nu diante de Deus[149]. Tudo lhe foi dado: "corpo, alma, vida"[150].

Esta nudez criatural é a condição de possibilidade e ponto de partida para o enriquecimento e o reconhecimento da dignidade do homem. Porque somente em Cristo, o ser humano é revestido de dignidade natural, antes mesmo de receber o dom da justificação ou o dom da graça. É essa condição que lhe faz filho, irmão e dom no Filho amado.

Consciente dessa dignidade em Cristo, perguntamos: Que relação há entre o corpo de Cristo e o corpo do homem?

O homem em seu corpo é digno porque criado a imagem do corpo do Filho. Essencialmente constituído em seu corpo, o homem é um ser-no-mundo; existência capaz de estar em relação. Em sua dimensão física é criado à imagem do Filho que se fez homem. Francisco tem visão positiva do corpo humano. O corpo não é obstáculo, mas abertura e possibilidade de diálogo, participação e comunhão com Deus e as criaturas.

---

[147] RNB 17, 17.
[148] Ad 19, 2.
[149] 2 C 214.
[150] RNB 23, 8.

O santo de Assis em sua intuição bíblico-teológica interpreta a passagem do livro do Genesis[151] à luz do mistério pascal de Cristo[152]. Nosso corpo está configurado ao corpo glorioso do Cristo ressuscitado, conforme declara o apóstolo são Paulo[153].

E que relação há entre o espírito de Cristo e o espírito do homem? Além de ser existência corporal, o homem é também ser espiritual, visto que ele é formado a imagem do espírito de Cristo. Daí porque em sua corporeidade, o homem é capaz de auto-transcender-se, isto é, existência que se abre à interpelação e a ação de Deus. Está aberto ao Transcendente. Não um transcendente impessoal ou abstrato, mas real e pessoal. O Tu maior, isto é, Deus que está sempre a nos chamar e a nos interpelar. Pode o ser humano se dirigir a Deus, seu Criador, interagir ou se relacionar com Ele.

Porque é abertura a Deus e aos valores espirituais, o homem pode receber o dom do Espírito Santo. Essa proximidade com Deus lhe faz habitação e morada permanente da ssma. Trindade[154].

"A fraterna proximidade a Jesus Cristo e o dom do Espírito Santo permitem uma relação criatural com Deus Trino, preparando a alma e o coração humano"[155].

O coração e a alma do homem são para o pobrezinho de Assis habitação e morada do Deus trino. Neles o Pai, o Filho e o Espírito Santo deixaram as suas marcas permanentes. Portanto, a existência natural do homem em Cristo se destina a vida sobrenatural na Trindade.

Francisco imbuído da profundidade de sua linguagem teológica ressalta o valor e a dignidade do homem porque configurado à imagem do Filho de Deus Jesus Cristo[156]. Ele não conhece a concepção filosófica do platonismo nem do neoplatonismo, nem sequer o "logos" divino. Entretanto, sua concepção do ser humano é crística, profunda e realista, fruto de sua espiritualidade bíblica.

Junto com as criaturas o homem foi criado em Cristo. Entretanto, nele resplandece com muito maior claridade a marcas do Filho porque criado a sua imagem e semelhança. Por consequência, em seu corpo, o homem tem origem e destino em Cristo.

---

[151] Gn 1, 26.
[152] Cl 1, 15.
[153] cf. 1 Cor 15, 45 s; BASILIO DEL ZOTTO, Cornélio. p. 123.
[154] 1 CF 13; OP 15, 1-4.
[155] RNB 22, 27.
[156] Rm 8, 29.

O homem é síntese do universo. Em seu corpo é constituído do ser das criaturas e em sua alma do ser de Deus. Mediante a encarnação se apresenta como um misto de Homem-Deus. Esse corpo vai ser um dia transformado e recapitulado no Senhor de modo a conduzir toda criação à glória de Deus. Aliás, progressivamente pela graça esse homem na história pessoal e comunitária vai sendo transfigurado de modo a se conformar com o Cristo crucificado, preparando-se assim para a participação definitiva na Páscoa de Cristo na morte corporal.

Além disso, o homem encontra somente em Cristo a excelência de sua vocação. Neste sentido, é chamado à plena realização de si mesmo. Ele está a caminho na história, na busca da perfeição do seu ser. Porque em Cristo revestido da dignidade do divino anseia pela Vida em plenitude. Deseja encontrar a razão última de sua vocação.

Deus se revela ontem, hoje e sempre e com a sua graça acompanha o movimento da criação ao longo do tempo. Com efeito, todo tempo é graça segundo Francisco. O homem é chamado a responder à graça do Senhor, lhe obedecendo e realizando a sua vontade. O homem, nessa história, enquanto existência "cristocêntrica", é orientado para um fim. À luz do mistério pascal esse fim é o próprio Cristo, Verbo encarnado. Porque o homem é criado para Deus, realidade última de sua existência.

Ele é chamado a se realizar em sua semelhança com Cristo. Não somente reproduz o seguimento a Cristo em sua existência peregrina neste mundo, mas se destina à Ressurreição e à Vida plena.

3. A criação na história da salvação

Desde Francisco de Assis a história é um elemento fundamental da espiritualidade e, por conseguinte, da teologia franciscana. Este homem, criado em Cristo, Verbo encarnado, participa juntamente com toda criação, da história da salvação. Nessa reflexão seguiremos a análise que o teólogo franciscano Nobert Nguyên van Khanh faz sobre a história da salvação[157].

---

[157] NGUYEN-VAN-KHANH, Nobert. p. 109-118.

Para Francisco, a criação não é um ato finito e isolado. A mesma é resultado da atenção continua do Deus criador. A ação criadora continua no tempo: Deus continua a criar e a se relacionar com as suas criaturas no tempo, comunicando-lhes vida[158].

"8 Amemos todos com todo coração, com toda alma, com toda mente, com toda força (cfr. Mc 12,30) e fortaleza (cfr. Mc 12, 33), com todo entendimento, com todas as forças (cfr. Lc 10,27), todo esforço, todo afeto, todas as entranhas, todos os desejos e vontades o Senhor Deus (Mc 12,30 par.), que nos deu e nos dá a nós todos todo o corpo, toda a alma e toda a vida, que nos criou, remiu e só por sua misericórdia vai salvar (cfr. Tb 13,5), que a nós miseráveis e míseros, pútridos e fétidos, ingratos e maus, fez e faz todo bem"[159].

Segundo o texto F. emprega os verbos latinos "dedit" e "dat", indicando o perfeito e o presente. Deus nos deu a vida e a dá sempre: "omnia bona fecit et facit". A ação do Deus criador começou e continua sempre apesar de nossas ingratidões. Ele continua sempre a conceder a sua bondade aos homens pecadores e ingratos.

A criação é um ato contínuo de Deus. Ela não se separa da grande história da salvação. Ela se insere no plano de Deus. Cada acontecimento é uma preparação para a vida eterna e merece sempre nosso reconhecimento para o Deus criador[160]. Para F. todos os acontecimentos são sagrados: a história é a história da salvação.

"... a história é a história da salvação na qual ele vê uma relação intrínseca entre a vontade de Deus criador e o curso dos acontecimentos entre a ação de Deus de um lado e a dos homens e da natureza do outro. Não se pode obedecer a vontade de Deus sem amar os homens e os seres em seu movimento íntimo e fundamental que é sua liberdade. Todo acontecimento é graça (omnia debes habere pro gratia) na medida em que é permitido pelo Senhor. É preciso acolhê-lo tal como ele é"[161].

Todo acontecimento é graça enquanto permitido pelo Senhor. Diante desse acontecimento, onde Deus age, o homem deve responder com a sua obediência, isto é, deve ser acolhido da parte do homem como vindos da parte do Senhor.

---

[158] RNB 23, 23-26.
[159] RNB 23, 8.
[160] RNB 10, 3-6; CM 4, 1-2; cf. NGUYEN-VAN-KHANH, Nobert. p. 93.
[161] NGUYEN-VAN-KHANH, Nobert. p. 94.

Considerando tudo isso, conclui N. Van Khanh, dizendo que a criação é uma maravilha de Deus, o início de uma história santa, pela qual o Deus criador se revela continuamente ao homem, por meio dos acontecimentos, para conduzi-los a vida eterna.

Francisco usa em seus escritos os títulos de "redentor" e "salvador"[162]. Estes não são reservados somente ao Cristo[163], mas também os aplica ao Pai ou à Trindade: uma vez ao "Deus único e verdadeiro"; uma vez ao "Pai" e uma vez ao "Filho"; três vezes a "Deus em geral" ou ao "Deus-Trindade". F. não atribui esses títulos somente ao Filho, mas a toda Trindade ou somente ao Pai visto que considera sempre a obra criadora, redentora e salvadora como obra de toda Trindade. Na história da salvação o Pai, o Filho e o Espírito Santo agem em comum. F. tem profunda visão trinitária da história da salvação.

Os termos "redentor" e "salvador" também não são sinônimos. Observa-se uma distinção entre criar, salvar e redimir. Enquanto a criação e a redenção já aconteceram, a salvação ainda não é definitiva, ela está em expectativa[164]. Os verbos "creavit", "redemit" et "salvabit" correspondem respectivamente aos atributos criador, redentor e salvador. Em sua oração de ação de graças, F. distingue três grandes momentos da história da salvação:

1°. Criação (verbo "creasti" indica criar);

2°. Vinda de Cristo à terra e redenção por sua morte na cruz; O verbo "redimire" está no passado e é usado seis vezes; indica o nosso resgate pela morte de Cristo.

3°. Retorno glorioso no fim dos tempos. O verbo "veniet" está no futuro. F. pensa no retorno de Cristo. O resgate da cruz se consuma pelo julgamento na justiça. O termo "salvator" tem perspectiva escatológica. Denota o Deus de nossa esperança (spes nostra; fides nostra; vitae aeterna nostra).

"Tu és a nossa esperança, tu és a nossa fé, ...Tu és a nossa vida eterna: grande e admirável Senhor, Deus onipotente, misericordioso Salvador"[165].

O santo de Assis conclui os seus louvores a Deus em perspectiva escatológica.

---

[162] NGUYEN-VAN-KHANH, Nobert. p. 107-112.
[163] Cf. RNB 23, 27; 16, 9; 16, 8-9.
[164] Cf. RNB 23, 27.
[165] LDA 6.

Essa expressão "misericordioso salvador" se dirige, pois, não ao Deus da criação e da redenção, mas ao Deus da nossa esperança[166].

O retorno glorioso de Cristo é exprimido pelos verbos "salvabit" e "veniet". "Salvator" é empregado em perspectiva escatológica para nomear o Deus de nossa esperança.

Para Francisco termo "Redemptor" significa o Deus que liberta o homem do cativeiro do pecado pela morte do Filho na cruz. Enquanto o termo "Salvator" significa Deus em sentido geral mais especialmente a salvação definitiva que se realizará pelo retorno glorioso de seu Filho no fim dos tempos.

Salvador é o "Deus da esperança, o Deus da vida eterna". Redentor e salvador são dois momentos da ação de Deus na história: momento da redenção pela cruz e do julgamento final na justiça. Esses três títulos que se atribui a Cristo e a Trindade correspondem a três momentos fortes da história da salvação.

Esses três títulos "criador", "redentor" e "salvador" segundo análise de nosso autor designam Deus contemplado em suas "maravilhas" ao longo da historia da salvação, cujos pontos máximos são a criação, a redenção pelo sacrifício de Cristo e a salvação definitiva no fim dos tempos. Esse Deus é conhecido através de suas obras, conforme indica algumas de suas orações[167].

Assim como o salmista, F. admira a "santidade" de Deus em suas maravilhas em seu desígnio benevolente de salvar o homem:

"Tu és o santo, Senhor Deus único, que fazes maravilhas"[168].

Para Francisco Deus é *"Aquele que é, que era e que será".*

"Santo, santo, santo Senhor Deus todo-poderoso, que é, que era e que virá (Ap 4, 8)..."[169].

O pai seráfico não vê a história da salvação de forma isolada, contemplando somente um desses momentos fortes. Não considera somente a Paixão dolorosa de

[166] NGUYEN-VAN-KHANH, Nobert. p. 113.
[167] NGUYEN-VAN-KHANH, Nobert. p.114.
[168] LDA 1.
[169] CH 1.

Cristo, mas o situa ao longo da história da salvação como criação, redenção (natividade, paixão e ressurreição) e retorno de Cristo. Deus é Deus três vezes santo; Deus santíssimo, cuja santidade é sempre contemplada através de suas maravilhas operadas ao longo da história da salvação, seja no passado, no presente e no futuro.

O santo de Assis convida a todos os santos do céu e também todos os homens da terra para dar graças a Deus:

"...todos os santos que existiram e existirão e existem... rendam graças...; todos os homens do mundo inteiro, que existem e existirão..."[170].

Essa história para F. tem alcance "universal", quer dizer, compreende a todos os homens e mulheres de todos os tempos, de todos os povos, de todas as línguas.

Por três vezes usa o termo "ubique terrarum"; três vezes "universi" e "omnes", vinte vezes[171]. Ao contemplar as maravilhas de Deus ao longo da história convida todos os homens da terra, de todos os países e de todos os tempos[172]. Numa palavra, a história da salvação alcança toda criação, considerando cada criatura em particular com sua diversidade e distinção.

À luz dessa análise concluímos que os títulos de "criador, redentor e salvador" não são restritos a alguma Pessoa divina, mas se referem à ação comum da ssma. Trindade. Para Francisco, o Deus-Trindade é o criador, o redentor e o salvador. Esses títulos indicam a ação de Deus que opera maravilhas ao longo da história da salvação. Essa história da salvação tem início com a criação passa pela redenção e se consuma na salvação escatológica definitiva.

Para o irmão de Assis, a história é um "processo" e está em "progresso". Nela Deus-Trindade se revela. Mas qual é o papel do Filho?

Jesus Cristo é o revelador da Trindade. E em toda ação da Trindade, o Filho é o "mediador" seja na criação, na redenção ou na salvação. E em toda ação de Deus na história é intensa e comum a relação entre as Pessoas divinas.

---

[170] RNB 23, 6-7.
[171] RNB 23, 22.
[172] Cf. NGUYEN-VAN-KHANH, Nobert. p. 17.

Em suma, são Francisco considera a dimensão universal da história da salvação. Todo tempo é tempo da salvação. É ação de Deus em favor do ser humano que existiram, existem e existirão em todo o mundo. Em profunda visão histórica, F. em sua experiência de homem teologal, se aproxima das declarações da Igreja, especialmente do concilio Vaticano II, que afirma a historicidade dos mistérios de Jesus e da salvação do homem. A graça divina considera sempre o ser humano em sua realidade real e histórica.

4. A graça em Jesus Cristo.

Refletimos anteriormente que em Cristo, Deus criou todas as coisas corporais e espirituais e, através delas quis expressar o seu ser e seu plano de salvação para nós. Além disso, criou o homem a sua "imagem e semelhança", dotando-o de valor e dignidade, a fim de estar em comunhão fraterna com todas as criaturas. Comunhão que lhe completa e realiza. Entretanto, necessita da graça de Cristo para concretizar a sua suprema vocação de participar da glória do homem novo redimido em Cristo. Refletimos no trecho a seguir sobre o significado teológico da graça segundo o santo de Assis.

Essa graça supõe o homem pecador e impotente diante de Deus, cuja imagem foi destruída por causa do pecado original.

Para s. Francisco o homem caiu por causa de sua própria culpa. Esse trecho da regra não bulada nos sugere a crença no pecado original. Para F. todos nós somos *"omnes miseri et peccatores"* (miseráveis e pecadores)[173]. Somos também *"miserabilibus et miseris, putridis et foetidis, ingratis et malis"* (miseráveis e míseros, pútridos e fétidos, ingratos e maus)[174]. Essa sua realidade presente e existencial procede desde o pecado de Adão e Eva. Trata-se de uma solidariedade de todos os homens e mulheres com o pecado original. Mas segundo são Francisco o que significa esse pecado original?

Ele assim se expressa em um dos seus escritos:

"1 Disse o Senhor a Adão: Come de toda árvore, mas da árvore do bem e do mal não comas (cf. Gn 2,16-17). 2 Podia comer de toda árvore do paraíso porque,

---

[173] Cf. RNB 23, 5. 8.
[174] Cf. RNB 23, 8.

enquanto não foi contra a obediência, não pecou. 3 Pois come da árvore da ciência do bem aquele que se apropria de sua vontade e se exalta pelos bens que o Senhor diz e opera nele; 4 e assim, por sugestão do diabo e por transgressão do mandamento, tornou-se pomo da ciência do mal"[175].

Baseando-se nessa passagem do livro do Genesis[176], F. concebe o pecado original como pecado de Adão e, portanto, o pecado do homem como tal[177]. Consiste na transgressão à ordem de Deus, em outras palavras, "desobediência". O homem desobedeceu a Deus porque comeu do fruto proibido do pomar, ou seja, da árvore do conhecimento do bem e do mal. Neste sentido, para F. o pecado significa no apropriar-se da própria vontade, ou seja, orientar o seu querer a si mesmo e não mais a Deus, o sumo Bem.

Somente "Deus diz e faz todo bem"[178], raciocina Francisco. Não é obra do homem, mas exclusiva a Deus. Todo bem a Ele pertence e, por conseguinte, só Ele mesmo se refere todo Bem. Com efeito, o pecado original significa no apropriar-se e no referir-se a si mesmo todo bem. É pensar como o Criador, não mais como criatura. O homem atribui a si mesmo todo bem e não a Deus. Daí resulta na queda de Adão por sua própria culpa.

O pecado original gera consequências na vida do homem. Nessa atitude de desobediência ao pensar que todos os bens e a vida lhe pertencem, o homem recusa buscar Deus e não se deixa orientar por Deus e para Deus, o verdadeiro sumo Bem. O homem nega a vida como dom, e, por conseguinte, a gratuidade do amor de Deus. Apropriando-se de tudo se afasta dos irmãos e de toda criação. Ele nega a fraternidade universal, não desejando mais a comunicação com Deus. Faz de seu próprio eu humano modelo e medida de si mesmo, colocando-se no lugar de Deus e afastando-se da fonte da vida por causa do pecado original, cometendo pecados e vícios, que só a ele pertence, e por consequência, lhe conduzindo a morte.

"69 Vêde, cegos, enganados por nossos inimigos, a saber, pela carne, pelo mundo e pelo diabo, que para o corpo é doce fazer o pecado e amargo servir a Deus,

---

175 Ad 2, 1-4.
176 Gn 2, 16-17.
177 Cf. FREYER, Johannes B. p. 227-228
178 Ad 8, 3.

porque todos os males, vícios e pecados do coração dos homens saem e procedem (cfr. Mc 7, 21, 23), como diz o Senhor no Evangelho"[179].

A causa desse pecado para F. não é o corpo, mas está no seu interior. Tal é a herança deixada por Adão que se transmite não de forma hereditária através da carne ou do ato sexual, mas por propagação, isto é, via a vontade de cada um que é enganado e induzido pelo diabo neste mundo. Todos nós nos tornamos solidários com o pecado de Adão. Portanto, segundo pai seráfico o pecado original comum a todos é algo que nos afeta interiormente, não exteriormente.

Para Francisco por causa desse pecado se dá a oposição entre carne e Espírito. Os homens ficam cegos e incapazes de enxergar a verdadeira luz, nosso Senhor Jesus Cristo, não tem sabedoria espiritual porque os mesmos não possuem a Cristo, verdadeira sabedoria do Pai. Não conseguem desenvolver-se nele e nem modelar sua imagem cristológica, já que o homem foi criado à imagem de Cristo, Verbo encarnado.

"6 porque nós por nossa culpa somos fedidos, miseráveis e contrários ao bem, mas prontos para o mal e voluntariosos, porque, como diz o Senhor no evangelho..."[180].

Por causa do pecado de Adão que afeta a existência de todo homem, se reflete graves consequências. O homem perdeu a sua identidade cristológica e tornou-se homem carnal escravo do mundo e corroído pela tendência ao mal. O pecado de Adão tornou o homem um pecador. E, por conseguinte, necessitado da graça da cura, que possa lhe perdoar, lhe redimir e libertar desse pecado.

O pecador é semelhante a um "dependente tóxico"[181] que não consegue se libertar do pecado. F. parece descrever essa influencia do pecado de Adão sobre todos os homens como uma forma de dependência. Com efeito, o corpo se distancia do Espírito. Distancia-se de Deus e, por conseguinte, do Verbo da Vida. Sendo o pecado original algo que lhe afeta e causa dependência, o homem não poderá se libertar pela sua própria conta se Deus não lhe conceder a graça.

Completando o pensamento teológico de são Francisco, podemos dizer que desobediente a Deus desde o início, o homem criou uma atmosfera negativa no mundo

---

[179] 2 CF 69.
[180] RNB 22, 6.
[181] FREYER, Johannes B. p. 240.

que lhe inclina e lhe influencia sempre para o mal, tolhendo-lhe a capacidade de se realizar plenamente em sua vocação como ser humano. O mesmo por causa do pecado de Adão perdeu a graça da justiça divina e se tornou impotente. Daí a afirmação de s. Paulo que

"todos pecaram e estão privados da glória de Deus"[182].

Portanto, só poderá restaurar a sua imagem corrompida pelo pecado e, por consequência, recuperar a sua capacidade de realização pessoal se da parte de Deus lhe for concedida a graça. Essa graça procede de Cristo e de seu Espírito. Porque Aquele que nos criou é também nosso salvador e redentor. Essa graça nos dá até mesmo a capacidade de nossa realização última. Ela nos faz participar da glória celeste. A mesma nos é dada no batismo de modo a nos capacitar para caminhar com Cristo como seus discípulos, imitando-o na dinâmica do mistério de sua encarnação.

São Francisco não somente expressa teologicamente essa graça em suas orações e escritos, mas também a experimenta em seu encontro com Cristo. A graça é essencialmente "cristológica". Ela nos é dada no mistério da encarnação, cujo momento culminante se dá no sacrifício redentor de Cristo.

"2 E nós caímos por nossa culpa. 3 E te damos graças porque, assim como por teu Filho nos criaste, assim por teu santo amor, com que nos amaste (cfr. Jo 17,26), fizeste que ele, verdadeiro Deus e verdadeiro homem, nascesse da gloriosa sempre virgem beatíssima Santa Maria, e quiseste que nós, cativos, fôssemos redimidos por sua cruz e sangue e morte"[183].

Pela graça de Cristo no mistério de sua encarnação alcançamos a nossa salvação. Tal mistério da graça em Jesus Cristo nos é comunicada através da "kénosis", palavra grega que significa "esvaziamento de si mesmo", segundo carta aos Filipenses[184]. É no processo de esvaziamento ou de abaixamento ou humilhação de si mesmo que Cristo nos salva e nos liberta do pecado. Na kénosis, Cristo não perde a sua divindade ou a sua imagem divina, mas revela o ser e o amor de Deus. A este movimento de esvaziamento

[182] Rm 3, 23.
[183] RNB 23, 2-3.
[184] Fl 2, 6-11.

vem em seguida a "elevação ou exaltação" do Senhor. Assim medita e pensa F. ao falar da graça da redenção em Cristo[185].

"4 Esta Palavra do Pai, tão digna, tão santa e gloriosa, foi anunciada pelo altíssimo Pai lá do céu, por meio de seu santo anjo Gabriel, no útero da santa e gloriosa Virgem Maria, de cujo útero recebeu a verdadeira carne de nossa humanidade e fragilidade. 5 O qual, sendo rico (2 Cor 8,9) sobre todas as coisas, quis ele mesmo escolher a pobreza no mundo com a beatíssima Virgem, sua mãe"[186].

Em outro trecho afirma:

"11 A vontade desse Pai foi que seu Filho, bendito e glorioso, que nos deu e nasceu por nós, se oferecesse por seu próprio sangue, como sacrifício e hóstia na ara da cruz; 12 não para si, por quem foram feitas todas as coisas (cfr. Jo 1,3), mas por nossos pecados, 13 deixando-nos exemplo, para que sigamos suas pegadas (cfr. 1Pe 2,21). 14 E quer que todos nos salvemos por ele e o recebamos com coração puro e com nosso corpo casto"[187].

Por sua vez, de forma ativa, o homem pode ser salvo se participa e se une a essa dinâmica da kénosis do Senhor, seguindo assim o seu exemplo e suas pegadas.

Essa redenção operada em Cristo não somente alcança o ser humano, mas também toda criação já que o pecado repercutiu e continua a repercutir desde Adão sobre toda criação. Porque o pecado segundo Francisco não afetou somente o homem em sociedade, mas toda criação, daí porque toda criatura necessita também de redenção. E no ato da redenção do homem em Cristo toda criatura é também redimida.

"5 Nós te adoramos, Senhor Jesus Cristo, também em todas as tuas igrejas, que estão em todo o mundo, e te bendizemos, porque por tua santa cruz remiste o mundo[188]*"*.

Em outro lugar se referindo à digna participação na Eucaristia diz:

"13....em quem as coisas que estão no céu e as que há na terra foram pacificadas e reconciliadas com o Deus onipotente"[189].

---

[185] 2 CF 1, 4-15.
[186] 2 CF 4-5.
[187] 2 CF 11-14.
[188] Test. 5.

Além disso, a salvação é dom do puro amor de Deus. Não é obra humana, nem é mérito seu, mas graça generosa do Senhor, atitude amorosa e gratuita operada livremente sem coação em sua "kénosis" porque somente por amor desejou salvar a humanidade.

Além do mais, a virtude desse sacrifício redentor de Cristo na cruz não é nostalgia do passado, mas contínua hoje de forma dinâmica e se visibiliza na Igreja especialmente no sacramento da Eucaristia. Deste modo, continua ao longo da história, prolongando o mistério de sua encarnação ao encarnar a força redentora da cruz que sacramentalmente na Eucaristia conduz a salvação os seres humanos sejam de qualquer tempo ou de qualquer lugar.

O dom da salvação não opera de forma unilateral ou mecânica. Participando também do sacrifício eucarístico de forma digna o homem é sempre chamado e interpelado para que se abra ao dom da graça. Ele deve receber a Cristo em seu movimento de "kénosis" e participar dessa misteriosa dinâmica redentora do Senhor, tornando-se seu discípulo.

Na obra da redenção operada na kénosis, o homem é "justificado". Essa graça é "justificante", quer dizer, resgatando o ser humano do pecado original, Cristo com o seu Espírito, restaura a imagem de Deus destruída pelo pecado e estabelece uma nova realidade existencial. Já não é segundo são Paulo o homem velho, mas o homem novo em Cristo. Pela graça o homem é renovado e transformado interiormente e reorientado em sua opção de vida para Deus, para o outro e para todas as criaturas. Nele se realiza pela graça justificante a "nova criação".

São Francisco não desenvolve uma teologia da justificação, mas acena para essa ação justificante de Deus:

"3. Frei Francisco, homem vil e caduco, vosso pequenino servozinho, [deseja] saúde naquele que nos remiu e lavou em seu precioso sangue, cf. Ap 1,5"[190].

O homem é purificado no sangue de Cristo e colocado novamente no estado da graça original, ou seja, da salvação ou da vida. Segundo s. Francisco a justificação é

---

[189] Cf. Cl 1,20; CO 13.
[190] CO 3.

obra de toda Trindade[191]. Como fruto dessa obra trinitária no Filho, é restaurada nossa imagem; somos reconciliados com Deus e nos tornamos irmãos e dom para Deus e para os outros. Fica restabelecida a verdadeira orientação trinitária da vida destruída pelo pecado. O canto ao irmão sol é um convite a todas as criaturas reconciliadas com Deus, seja masculino ou feminino, com o seu amor eros e ágape a louvar ao Deus criador[192].

A graça não algo estanque, dada uma só vez, mas acompanha toda nossa vida. Francisco a experimenta em sua vida de forma íntima e pessoal. O seu itinerário formativo cresce progressivamente porque tem consciência de que a graça o orienta e o transforma interiormente em cada momento de sua vida. A infusão da graça na vida de F. acontece de forma continua e dinâmica. Assim se dá na escuta do Evangelho, no encontro com o leproso, no dialogo com o crucifixo de s. Damião, no encontro com os irmãos, a fé em Cristo suscitada na santa Igreja católica, e assim por diante. A graça lhe confere a virtude da caridade que lhe faz mais amante de Deus e irmão de todos, especialmente os pobres e de todas as criaturas.

O Testamento de são Francisco é um verdadeiro testemunho da ação da graça divina que orienta, modela e forma o seu itinerário vocacional e toda a sua vida. É sempre o Senhor quem toma iniciativa ao renovar ou transformar a vida de São Francisco. À ação do Senhor segue os seus efeitos:

"1 ***O Senhor assim deu a mim****, Frei Francisco, começar a fazer penitência: porque, como estava em pecados, parecia-me por demais amargo ver os leprosos.*

2 E ***o próprio Senhor me levou para o meio deles****, e fiz misericórdia com eles.*

4 E ***o Senhor me deu tal fé*** *nas igrejas, que assim simplesmente orava e dizia:*

6 Depois ***o Senhor me deu e dá tanta fé*** *nos sacerdotes, que vivem segundo a forma da santa Igreja Romana, por causa de sua ordem, que, se me fizerem perseguição, quero recorrer a eles mesmos.*

---

[191] CO 50-52.
[192] CIS 1-14

14 ***E depois que o Senhor me deu frades****, ninguém me ensinava o que deveria fazer, mas o próprio Altíssimo me revelou que deveria viver segundo a forma do santo Evangelho*[193].

Na ação da graças é sempre o Senhor que nos amou primeiro, segundo o evangelho de s. João. A graça nos move a penitencia, nos concede o dom da fé, nos conduz para o meio dos leprosos, nos une em fraternidade, etc. Igualmente é sempre pela graça que o Senhor nos concede fé, caridade, irmãos, vida em fraternidade, envia em missão, etc. É sempre o Senhor que nos concede os seus dons. A graça não é algo que o Senhor nos conceda, mas é a experiência de encontro pessoal com Ele mesmo, o Ressuscitado. Nesse encontro é visivelmente trabalhada nossa vida.

Entretanto, jamais a graça tolhe a escolha humana. Além disso, a graça supõe a "liberdade" da pessoa, ou seja, a livre resposta do homem ao convite de Deus que lhe chama a participar da obra da salvação. A graça supõe diálogo entre Deus e o homem. Na ação da graça há sempre colaboração, aceitação e acolhida da parte do homem no ato da fé. Na visão de são Francisco a graça auxilia a vontade[194]. Por outro lado Cristo opera em nós livremente e em toda parte conforme lhe apraz:

"Cristo opera em toda parte como lhe apraz com o Senhor Deus Pai e o Espírito Santo Paráclito..."[195].

A graça não só tem dimensão pessoal, mas também comunitária ou eclesial. Para Francisco a Igreja é o espaço da graça. De uma preocupação com uma igreja de pedra, F. se volta cada vez mais para a Igreja corpo místico de Cristo. Essa Igreja que envolve e afeta cada um de nós, povo de Deus, é a preocupação de Francisco. Ele deseja restaurá-la com a participação dos outros irmãos. E, portanto, é a experiência da graça no seio da Igreja que permite sempre mais renová-la e reconstruí-la.

Além disso, para F. tudo o que há nas igrejas e capelas de pedra, tudo o que se relaciona com a liturgia e a vida eclesial, os objetos e vestes litúrgicas, as palavras do missal, os teólogos, todos os que ministram a Palavra de Deus, o sacerdote, etc. são sinais sacramentais da comunicação da graça. Tudo nos remete a presença mística de

---

[193] Test 1-15.
[194] CO 15.
[195] CO 33.

Cristo. Porque o Filho de Deus está sempre presente de forma mística e sacramental. Daí a sua grandeza e valor.

"Francisco tinha plena consciência de que a Igreja apesar das chagas e da profunda crise pela qual passava, continuava sendo para ele a herança que Cristo conquistou com o seu sangue"[196].

A Igreja é o lugar sagrado do nosso encontro com Deus e, por consequência, o meio da graça. Nela encontramos os sacramentos, sinais da graça de Cristo. Porém é a Eucaristia a que mais expressa à presença da graça na Igreja visto que nela o próprio Senhor se faz corporalmente presente.

Já que Cristo no sacrifício da cruz nos conquistou a graça, o Espírito Santo por sua vez habita em nós, fazendo do nosso corpo templo da Trindade. Segundo ele,

"o Espírito do Senhor faz morada em nós"[197].

Para F. não podemos pensar a graça sem considerar a presença e ação do Espírito Santo porque Ele é o agente transcendente, enviado da parte do Pai e do Filho, que nos comunica a graça e opera a nossa santificação. O Espírito nos comunica bens, dons e virtudes, afirma Francisco. O Espírito Santo segundo o Pai seráfico é chamado de "Espírito da graça"[198]. Com efeito, nosso ser, agir, pensar deve estar sempre em sintonia ou comunicação com este Espírito porque nos motiva e nos orienta segundo a imagem de Cristo.

Na Regra Bulada, F. exorta aos irmãos,

"... a desejar ter o Espírito do Senhor e seu santo modo de operar"[199].

Porque Ele é o Espírito vivificador que dá a vida, realizando em nós a dinâmica da páscoa do Senhor. O Espírito Santo trabalha a vida da graça no ser humano justificado, constrói o seu itinerário vocacional, acompanha o seu projeto de vida, porque lhe comunica dons e virtudes, fazendo-os fiéis:

---

[196] Cf. LM 2,1. ZOPPETI, Ginepro, *"Graça, dom, carisma"*, in, CAROLI, Ernesto. (org.). Dicionário franciscano. p. 282.

[197] 2 CF 48.

[198] CO 18.

[199] RB 10, 9.

"[6]E vós todas santas virtudes, que pela graça e iluminação do Espírito Santo sois infundidas nos corações dos fiéis, para que os façais de infiéis fiéis a Deus"[200].

Portanto, a ação do Espírito Santo na existência e na história do ser humano tem em Francisco um papel fundamental e relevante. Segundo o santo de Assis, o Espírito Santo infunde a graça, atualizando e efetivando o mistério da encarnação e da Paixão do Senhor na vida dos fiéis para que possam realizar em Cristo continuamente o movimento da kénosis e do êxodo pascal.

"1 O bem-aventurado Francisco se enchia todos os dias da consolação e da graça do Espírito Santo. Com todo o cuidado e solicitude, dava a seus novos filhos a nova formação, ensinando-os a trilhar com passo seguro o caminho da santa pobreza e da bem-aventurada simplicidade"[201].

5. Escatologia ou realidades últimas

No capitulo anterior refletimos sobre a graça justificante restaura a imagem de Deus no homem e, por conseguinte, liberta toda criação da escravidão do pecado original. Essa justificação se dá mediante a kénosis do Filho de Deus. Com efeito, toda criatura redimida em Cristo é chamada na fé à esperança escatológica. Toda criatura é resgatada pela graça em vista de participar do Reino de Deus já que pela fé se tornou herdeiro do Reino. Para refletirmos sobre a escatologia no pensamento de s. Francisco é importante saber o que é escatologia? Do que ela trata?

A escatologia é a doutrina que trata das realidades últimas como destino último de todo ser humano que tem o seu fundamento no mistério da morte e ressurreição de Cristo. O teólogo aprofunda a doutrina dos novíssimos conforme a fé da Igreja. No centro desses novíssimos está "Cristo", fundamento e possibilidade de nossa esperança e "escháton" definitivo.

São Francisco crê com a Igreja nos novíssimos, ou seja, céu, inferno, purgatório, juízo final, etc[202]. Sua linguagem teológica está em sintonia com a catequese medieval

---

[200] SdVM 33.
[201] 1 Cel 11, 26, 1.
[202] Francisco fala em "Reino dos céus" RNB 21, 7; "vida eterna" e "inferno" RNB 22, 5; "fogo eterno" (Mt 25, 41) RNB 23, 4; "os bem-aventurados que regozijam no reino dos céus" RNB 23, 9; "herdeiros do reino dos céus RB 6, 5; "inferno" como conseqüência do morrer em pecado mortal 1 CF 2, 18; Reino dos céus" RNB 8, 5; "dia do juízo" RNB 4, 6. Para ele Deus mesmo, Trino e Uno, é nossa "vida eterna", LDA 6.

de seu tempo. Pensa nos novíssimos referentes à realidade individual e pessoal do homem bem como em sua dimensão comunitária, social e cósmica.

Entretanto, F. não tem uma compreensão filosófica e especulativa, mas bíblica, presente e prática da escatologia. Não se preocupa em especular a doutrina dos novíssimos, mas intui a sua finalidade prática. Por conseguinte, ele nutre uma fé e uma esperança escatológica na história.

Para o irmão de Assis Deus age na história. Vimos no capítulo anterior que tal ação tem início na criação, passa pela redenção e se consuma na salvação. F. distingue os termos "redenção" e "salvação". O primeiro termo significa o Deus que liberta o homem do cativeiro do pecado pela morte do Filho na cruz. O segundo significa Deus em sentido geral, mais especialmente a salvação definitiva que se realizará pelo retorno glorioso de seu Filho no fim dos tempos: o salvador é o Deus da esperança, o Deus da vida eterna. Redentor e salvador são dois momentos da ação de Deus na história: momento da redenção pela cruz e do julgamento final na justiça. Esses títulos de redentor e salvador não são somente atribuídos a Cristo, mas a toda Trindade. Deus se revela na história redimindo e salvando. Esse Deus "misericordioso Senhor" é o Deus de nossa esperança.

"Tu és a nossa esperança, tu és a nossa fé, ...Tu és a nossa vida eterna: grande e admirável Senhor, Deus onipotente, misericordioso Salvador".[203]

Portanto, F. tem uma visão escatológica, fundamentalmente bíblica, centrada na atitude de espera, fundada na revelação de Deus como salvação em Cristo morto e ressuscitado[204].

O pai seráfico pensa na escatologia em dimensão histórica. Embora não fale muito do Cristo ressuscitado, crê e experimenta a presença de Cristo glorioso no tempo presente. Evoca e atualiza em sua pessoa e missão a paixão do Senhor, cuja realidade é sempre viva e presente. Francisco se apercebe como discípulo de um Senhor pobre, crucificado e servo, vivo, presente e atuante na história.

---

[203] LDA 6.

[204] Cf. POMPEI, Alfonso *"Novíssimos, ressurreição, juízo, paraíso, inferno, purgatório"*, in, CAROLI, Ernesto. (org.). *Dicionário Franciscano*. 2ª. Ed. Petrópolis: Vozes e Cefepal, 1999, p. 476 - 478.

Além disso, F. crê e proclama sempre em sua pregação a Vinda definitiva do Senhor que vem para nos julgar e, ao mesmo tempo, vive intensamente sua presença como antecipação do mistério da salvação que se consumará. F. contempla e experimenta Deus que se revelou em Jesus Cristo como sentido e realidade última e decisiva.

Francisco vive uma esperança escatológica. Por isso, ele se apresenta como o homem da expectativa, da espera e da vigilância[205]. Sua orientação na experiência da vida presente é sempre escatológica. E sua linguagem tem tonalidade apocalíptica, na linha dos profetas do Antigo Testamento e do próprio Cristo Senhor, profeta dos profetas. O irmão de Assis fala do futuro em função do presente. Enfim o projeto de vida do cristão e irmão menor é motivado por essa visão escatológica[206].

O futuro é sempre uma nova possibilidade de salvação embora ainda não definitiva. Na história encontramos sinais e possibilidade de salvação. O mesmo é dom já concedido por Deus, mas ainda não totalmente alcançado em plano histórico. F. crê no Deus bíblico, o Deus da esperança que operou no passado, continua operar no presente e vai operar no futuro em favor do seu povo. O fim já está presente, mas conforme a Sagrada Escritura ainda é "promessa". Importa abrir o nosso coração para o novo de Deus que hoje se manifesta.

Em outras palavras, segundo Alfonso Pompei, teólogo franciscano de nossa época:

"O presente, na vida de F., é o presente da salvação de Cristo, que está se operando em nós e é, por isso, tensão entre o passado de Cristo e seu retorno glorioso; é um reviver do passado e uma antecipação do futuro, no qual seremos com Cristo e como Cristo. Por isso, todo dia e toda hora, F. canta no ofício da Paixão um hino àquele que 'é, que era e que virá'"[207].

---

[205] Cf. Francisco fala em ".... comparecer diante do Filho do homem..."; se refere à vinda definitiva de Cristo..." RNB 23, 4; fala ainda do Dia do Juízo RNB 4, 6 e estar "diante do tribunal de Nosso Senhor Jesus Cristo" RNB 9, 5; 1 CF 2, 22; cita Lc 21, 34: Aquele dia. E diz "fazei penitencia, fazei dignos frutos de penitencia, pois logo morreremos".

[206] Cf. FREYER, J. B. p. 303-304.

[207] OP 4; cf. POMPEI, Alfonso, p. 478.

Tomás de Celano, um dos seus grandes biógrafos, percebe São Francisco como homem "novo" e "escatológico"[208]; alguém de outro mundo que experimenta já na terra as realidades últimas. Podemos dizer ainda que F. vive essa tensão escatológica do "já – ainda" não na história, segundo a teologia moderna. O Reino de Deus está próximo, diz Jesus, mas o mesmo ainda não se revelou em seu mistério definitivo.

O homem em sua condição de limitação criatural, F. o contempla como um pobre "peregrino neste mundo"[209]. Porque neste século tudo é passageiro e transitório, o homem está a caminho do Reino definitivo. Daí a necessidade de seu testemunho escatológico. Porque não somos eternos necessitamos sempre de conversão contínua, despojamento dos bens, pobreza evangélica; vida da graça, numa palavra viver a experiência da minoridade. Ser irmão menor a serviço dos irmãos.

Esse modo de vida segundo o Evangelho abraçado por F. e seus companheiros já sinaliza a presença desse fim escatológico do homem a caminho. Assim, o seu modo de estar no mundo, vivendo em pobreza, fraternidade, trabalho, etc. já antecipa esse futuro pleno. F. está sempre a pregar em função desse futuro. Seu estilo de vida é apostólico; prega a penitencia, consciente dessa orientação escatológica.

A esperança no futuro que há de vir com a Vinda definitiva de Cristo não nos torna passivos e irresponsáveis, mas ao contrário, incide ativamente e até mesmo criativamente sobre a sociedade no momento presente do lugar onde vive são Francisco. A espera do futuro mobiliza o presente[210]. F. está sempre a acolher o dom do futuro realizado no mistério pascal de Cristo e o experimenta como momento decisivo de restauração e transformação pessoal, comunitária e social.

Francisco e seus primeiros irmãos têm consciência de sua missão escatológica. Eles devem esperar a Vinda do Senhor. Diante dessa expectativa escatológica dos últimos tempos, F. se põe a serviço do Senhor. Em sua minoridade, a exemplo de Cristo, ele se coloca no mundo como servo do Reino. Não está fora deste mundo, mas se comporta como homem de outro mundo. Abraçando a pobreza evangélica, Francisco se apresenta como peregrino e hóspede neste mundo.

[208] 1 C 82, 1s.
[209] POMPEI, Afonso, p. 482.
[210] POMPEI, Afonso, p. 480.

"1Os frades de nada se apropriem, nem casa, nem lugar, nem coisa alguma. 2 E como ***peregrinos e forasteiros (cfr. 1Pd 2,11) neste século****, servindo ao Senhor em pobreza e humildade..."*[211].

Em outro lugar:

"24 Cuidem os frades que de nenhum modo recebam as igrejas, habitações pobrezinhas e tudo que para eles se constrói, se não forem como convém à santa pobreza, que na Regra prometemos, sempre aí se hospedando como forasteiros e peregrinos (cfr. 1Pd 2, 11)"[212]

Em Celano se diz:

"2 Sempre exigiu que seus filhos observassem as leis dos peregrinos: abrigar-se sob teto alheio, passar em paz, ansiar pela pátria"[213].

Os frades vivem e se comportam como participantes e herdeiros do Reino futuro. O peregrino e o exilado são imagem do homem escatológico chamado a participar do único futuro de Deus. Não temos morada fixa, não estamos estabelecidos neste mundo; também nada possuímos, mas estamos a caminho[214].

Essa sua orientação bíblico-escatológica faz de F. um homem de profunda consciência crítica diante do modo de uso dos bens deste mundo; questiona essa relação do homem com os bens terrenos. Essa atitude do homem velho contrapõe a esperança na participação do futuro de Deus.

Afirma Francisco:

"... tudo o que os homens deixarem no mundo perecerá, mas da caridade e das esmolas que fizerem, terão o prêmio do Senhor"[215].

O santo de Assis é o "homem do século futuro"[216]. Sendo homem evangélico, tinha profunda consciência, abertura e orientação escatológica. A vida apostólica e de penitencia tinha sempre em vista esse futuro último de Deus.

---

[211] RB 6, 15; cf. Test. 24.
[212] Test. 24.
[213] 2 C 29, 59.
[214] 2 C 29,59; 31, 61.
[215] RNB 9,9.
[216] 1C 36-37.

São Francisco crê na ressurreição do Senhor e a vive já no momento atual porque sempre o encontra na oração, na liturgia, na Palavra, nos sacramentos, nos ministérios da Igreja, enfim no espaço e no tempo da Igreja. Não se trata de um Cristo do passado, mas sempre presente e atuante na força do Espírito.

No sacramento da Eucaristia de modo especial constitui o sinal visível da presença invisível do Senhor no mistério de sua encarnação[217]; lugar do encontro com Deus. Sinal profundo da esperança escatológica que continua hoje. Sua participação digna nos leva à responsabilidade com a realidade atual. No confronto com a Eucaristia sempre seremos julgados por Deus[218]. Na visão bíblica de F. o juízo não acontece somente no futuro após a morte ou na Vinda definitiva do Senhor, mas é realidade sempre presente, especialmente quando nos confrontamos com a Palavra divina e, por conseguinte, com a Eucaristia.

Qual o significado da morte corporal na visão de são Francisco de Assis?

A reflexão sobre a morte na teologia franciscana na compreensão do santo de Assis tem um lugar especial[219]. Ele a chama de "minha irmã morte". O pobrezinho de Assis tem consciência de que somos mortais. A morte corporal faz parte da vida e é a porta de entrada para a existência imortal com Deus no céu. Sua visão de morte é fundada na Sagrada Escritura. A morte é um momento decisivo e especial da graça. Ela é passagem para vida eterna na comunhão com Deus.

Francisco louva a Deus pela irmã morte porque somente através dela participamos da dinâmica do mistério pascal. A proximidade da morte nos coloca diante da expectativa da vinda do Senhor que vem para nos julgar:

"2. Considerai e vede que o dia da morte se aproxima (cfr. Gn 47,29). 3. Por isso eu vos rogo com reverência, como posso, que, por causa dos cuidados e solicitudes deste século (cfr. Mt 13,22), que tendes, não entregueis o Senhor ao esquecimento nem vos desvieis de seus mandamentos, porque todos aqueles, que o entregam ao esquecimento e se desviam de seus mandamentos são malditos (cfr. Sl

[217] Ibid.
[218] 2CF 23; CCLE 1-3; RNB 20.
[219] MENÁRD, André. *"Morte, morto, irmã morte"*, in, CAROLI, Ernesto. (org.). Dicionário Franciscano. p. 444-447.

118,21) e serão por ele lançados no esquecimento (Ez 33,13). 4. E, quando chegar o dia da morte, tudo que julgavam ter lhes será tirado (cfr. Lc 8,18)"[220].

O santo Pai seráfico chama a morte de "corporal" da qual ninguém escapa[221]. É uma possibilidade existencial inevitável. Todo ser humano deve passar pela morte. Diante de sua proximidade somos chamados a continua conversão, a participar da dinâmica do mistério pascal do Senhor. Nossa vida corpórea tem um fim e desde já nos deparamos com uma escolha: a vida ou a morte espiritual; o céu ou o inferno. A morte nos coloca diante de uma escolha e tensão escatológica. A mesma nos coloca em atitude de espera em vista de um bem maior que ainda se consumará de modo definitivo. Daí a necessidade de continua vida em penitencia, vigilância e renovação interior.

São Francisco tem uma visão esperançosa e otimista da morte. Não somente a louva, mas celebra solenemente o momento de sua morte. Mas por que tanto otimismo em relação à irmã morte? A morte fala de nosso destino último. Trata-se do momento existencial da passagem deste mundo para o Pai. Aí se dá o momento do nosso transito pessoal. E o irmão de Assis mais do que nunca anseia estar com Cristo. Ele deseja participar da dinâmica do mistério pascal. Tem consciência de que a morte é o momento decisivo dessa passagem para a eterna comunhão com Deus trino e uno. F. não teme morrer porque cheio de amor e radicalmente desapegado aos bens deste mundo se dirige com liberdade ao encontro da irmã morte[222]. A morte é para F. a porta da vida. No momento da morte se dá essa experiência plena e definitiva do encontro de sua pessoa com o amado, o esposo, o irmão, o pai, enfim com a sua nova família celeste na glória dos anjos e santos. Momento escatológico definitivo de sua experiência familiar. Neste sentido, se explica a sua atitude de serenidade e alegria ao acolher a irmã morte.

IV. ECLESIALIDADE EM SÃO FRANCISCO DE ASSIS

Para são Francisco, este homem redimido por Cristo e com o seu Espírito é chamado a participar digna e frutuosamente dos sacramentos da Igreja que lhe faz membro da Comunidade eclesial. Os sacramentos fazem a Igreja, especialmente a Palavra e a Eucaristia. Por conseguinte, Francisco pensa a eclesiologia considerando

---

220 Cf. CDP 2-5.
221 CSol 12.
222 Cf. 2 C 14, 15 e 16.

muitos modelos de Igreja que se complementam e se enriquecem. Por sua vez, Maria santíssima é a primeira mulher crente e modelo da Igreja. O mistério de Maria aponta para a realização do mistério da Igreja. Estes três temas abordados (sacramentos, eclesiologia e mariologia) convergem para a sua espiritualidade eclesial. Francisco é o homem da Igreja e da vivencia eclesial.

1. Sacramentos

Nesta reflexão, perguntamos pelo lugar da Páscoa na espiritualidade dos sacramentos; depois explanamos o seu significado teológico sacramental e, por fim, sobre abordamos a sua dimensão kenótica.

Francisco não desenvolve de forma acadêmica uma teologia dos sacramentos. Mas é alguém que reza, medita e reflete o significado teológico dos sacramentos a luz do mistério pascal de Cristo. O santo de Assis é teólogo imbuído da espiritualidade da Páscoa. Continuamente testemunha, pensa e celebra os sacramentos a luz da morte e ressurreição do Senhor.

"Francisco se movimentava com espontaneidade numa atmosfera pascal"[223].

Assim como na vida do cristão e da Igreja também para Francisco, a Páscoa é mistério central. Ele respira e vive em contínuo êxodo, isto é, passagem ou transito do pecado para a graça, da morte para a vida. Continuamente F. busca vencer o pecado para viver a vida nova em Cristo. Mas do que pensar a eficácia e graça dos sacramentos, F. experimenta na vida sacramental o mistério pascal do Senhor. Toda vida de F. é assim marcada pela espiritualidade da páscoa. Essa sua identificação com Cristo, Cordeiro imolado, o motiva a viver e a celebrar o mistério pascal. F. é um homem da celebração, da alegria e da festa, numa palavra, da liturgia. É sob essa ótica que poderemos entender a compreensão dos sacramentos em são Francisco.

Só entendemos os sacramentos em contexto litúrgico. Neste sentido, F. medita a espiritualidade dos sacramentos, celebra os sacramentos e vive da graça dos sacramentos.

Os sacramentos são sinais humanos e visíveis da graça, cuja fonte é a morte e a ressurreição do Senhor. Através dos sinais Cristo nos comunica a sua graça, perdoando,

---

[223] MENARD, André. *Páscoa, Trânsito, Morte, in dicionário franciscano*, p. 533.

redimindo, reconciliando, fortalecendo, vivificando, etc. Do mistério pascal brota a graça e a eficácia dos sacramentos. Os sacramentos continuam no tempo o mistério da encarnação de modo que Cristo hoje se faz presente na Comunidade da Igreja.

Francisco conhece os sete sacramentos instituídos por Cristo na Igreja e dados à Igreja. Em seus escritos fala do batismo e na necessidade de sua recepção para a salvação e na sua dimensão pascal citando o evangelho de João:

"7 Outro modo é que, quando virem que agrada ao Senhor, anunciem a palavra de Deus, para que creiam em Deus onipotente, Pai e Filho e Espírito Santo, criador de tudo, no Filho redentor e salvador, e que sejam batizados e se tornem cristãos, porque quem não renascer da água e do Espírito Santo não pode entrar no reino de Deus (cfr. Jo 3,5)".[224]

Cita o sacramento da penitencia como preparação a celebração da Eucaristia:

"1 E meus frades benditos, tanto clérigos como leigos, confessem seus pecados a sacerdotes de nossa religião. 2 E se não puderem, confessem-nos a outros sacerdotes discretos e católicos, sabendo firmemente e pensando que, de quaisquer sacerdotes católicos receberem penitência e absolvição, serão sem dúvida absolvidos desses pecados se procurarem cumprir humilde e devotamente a penitência que lhes for imposta"[225].

Entretanto, Francisco cultiva uma visão ampla da sacramentalidade. Não somente os sete sacramentos, mas todo o conjunto visível da instituição eclesial – templos, sacerdotes, liturgia, evangelhos, teólogos, palavras escritas, etc., recorda e remete à presença do Cristo servo, crucificado e ressuscitado. Com efeito, o Verbo se manifesta na pobreza e na carência das mediações humanas. Essa compreensão se opõe radicalmente à doutrina dos cátaros e valdenses, movimentos pauperísticos, que com a sua mentalidade maniqueísta e dualista negavam as realidades temporais da Igreja, a instituição eclesial e os sacramentos. Francisco, ao contrário cultiva uma estima, veneração e devoção aos sacramentos e exorta aos irmãos à prática da autêntica catolicidade na recepção dos sacramentos.

---

[224] RNB 16, 7.
[225] RNB 20, 1-2.

"Todos os frades sejam católicos, vivam e falem catolicamente"[226]; *"Mas os ministros examinem-nos diligentemente sobre a fé católica e os sacramentos da Igreja"*[227].

De todos os sacramentos, Francisco tem uma estima toda especial e central à Eucaristia e também às Palavras do Senhor[228].

Apresentamos em primeiro lugar o sacramento da Eucaristia. Ao elucidar sua visão eucarística cita o Evangelho de São João[229]. F. demonstra nesse escrito o desejo ardente de ver a humanidade de Cristo; quer ver com os seus próprios olhos. Ele não usa a palavra Eucaristia, mas prefere outra expressão[230]. Fala do Corpo e Sangue do Senhor.

Ao contemplar a hóstia consagrada, expressão da religiosidade popular na época, F. vê no rosto de Cristo a face do Pai. Ele deseja ardentemente ir ao Pai. Ele sabe que Cristo, em seu corpo e sangue, é "o caminho, a verdade e a vida" que nos leva ao Pai. Para F. Cristo é o mediador que nos permite chegar ao Pai. Cristo é o "revelador" que leva o homem ao Pai. Portanto, segundo são Francisco, a Eucaristia é o prolongamento da encarnação reveladora porque nos revela a Pessoa do Pai assim como outrora em sua vida histórica e peregrina manifestava aos apóstolos o rosto do seu Pai celeste.

Ele compara a Vinda de Cristo sobre o altar à sua vinda ao seio da Virgem Maria[231].Tal relação entre encarnação e Eucaristia já encontramos nos Padres da Igreja (como por exemplo, nos Padres de Antioquia: São Gregório de Nissa e São Cirilo de Alexandria)[232].

A consagração do pão e do vinho é comparada a uma nova encarnação: trata-se do mesmo Filho vindo da parte do Pai que outrora veio ao seio da Virgem Maria e que a cada dia vem para o altar. Ele continua vindo sob as espécies de aparência humildes do pão e do vinho ontem e hoje.

Francisco compara a fé na Eucaristia à fé dos apóstolos, ao contemplar Jesus de Nazaré. Compara a Eucaristia com a manjedoura onde Cristo nasceu. O altar é uma

---

[226] RNB 19, 1;
[227] RB 2, 2.
[228] NGUYÊN-VAN-KHANH. Nobert. Le Christ dans la pensée de saint François d'Assis d'aprés ses écrits. Paris: ed. franciscaines, 1989, p. 227-258.
[229] Ad 1, 1-23.
[230] Test. 10; 1 C 84.
[231] Ad 1, 16-18.
[232] Nota de rodapé 28, in, NGUYÊN-VAN-KHANH, Nobert, p. 205.

manjedoura, onde o Filho nasce todos os dias[233]. A Eucaristia hoje é verdadeira continuação da encarnação do Senhor.

Assim como outrora em sua vida peregrina e mortal Cristo era o revelador do Pai para os apóstolos, hoje Cristo o revela para nós na Eucaristia. Daí porque a Eucaristia segundo a visão teológica de Francisco tem função "reveladora". *"A Eucaristia é mistério de manifestação"*[234]. A Eucaristia é o modo que permite ao Senhor está com os seus para sempre[235]. Essa presença e assistência continuam e se perpetuam na Igreja.

Segundo o irmão de Assis muito mais do que sacramento que nos é dado como alimento, a Eucaristia é o sacrifício redentor da Nova Aliança. Ele tem consciência de seu caráter sacrifical. Cristo na Eucaristia continua a se doar hoje. Ele é oferta e sacrifício redentor. F. usa frequentemente as palavras "sacrificium, santificare", indicando assim o aspecto sacrifical da Eucaristia. Trata-se de verdadeiro sacrifício.

Ao falar desse sacramento, F. prefere usar a palavra "o corpo e o sangue do Senhor" em vez de Eucaristia. Essas palavras não somente indicam a identidade do corpo eucarístico atual e o homem Jesus Cristo de ontem, mas o caráter sacrifical do santo mistério. Atualização do sacrifício da Nova Aliança, a Eucaristia oferece aos homens de todos os tempos a salvação operada outrora pelo Senhor.

A instituição da Eucaristia foi querida pelo Senhor para transmitir a todos os frutos de sua redenção, ou seja, os frutos do seu sacrifício na cruz[236]. Neste sentido, a Eucaristia é o prolongamento do sacrifício da cruz. Segundo o santo de Assis Cristo continua se oferecendo ao Pai por amor de nós, em oblação, não de modo físico ou fisiológico, mas corporal, místico e sacramental.

Além disso, a Eucaristia é a comemoração do amor de Cristo. A mesma se celebra conforme costume da Igreja na Missa. Esta por sua vez é a memória de Cristo. Não é recordação meramente psicológica, mas memória da presença viva e atuante de Cristo[237]. Trata-se de um convite à participação real no mistério da cruz. Por conseguinte, na Eucaristia acontece a união com o Senhor, ou seja, a comunhão com

---

[233] 1C 85; LM 10, 7.
[234] NGUYÊN-VAN-KHANH. Nobert, p. 207.
[235] Ad 1, 22.
[236] CF 1, 11-15.
[237] NGUYÊN-VAN-KHANH. Nobert, p. 211.

Aquele que se oferece ao Pai[238]. Portanto, o pão cotidiano da Eucaristia é para o pobrezinho de Assis a memória do amor do Senhor, manifestado em toda a sua vida humana, cujo ponto mais alto é o mistério da cruz.

O Pai seráfico contempla o mistério do Verbo encarnado no seio da Virgem que se prolonga na humildade do pão e do vinho consagrado que se torna na celebração eucarística o Corpo e o Sangue do Senhor. A razão de tanta devoção para com a Eucaristia se justifica aos olhos do santo Pai porque muito expressa a "condescendência" de Deus para conosco; o seu gesto de amor e misericórdia que continuamente está a se doar e a se entregar para nossa salvação em sinal de pobreza e humildade[239].

Assim como outrora os Apóstolos segundo a luz da fé reconheceram a presença do Senhor em sua carne mortal, concebido no seio da Virgem Maria, hoje nós somos convidados a imitar os Apóstolos para crer que o Senhor se faz presente em sua divindade e humanidade nas aparências do pão e do vinho no sacramento do seu Corpo e Sangue.

Com efeito, essa realidade sacramental da Eucaristia deve criar consequentemente uma relação de comunhão e de fraternidade entre os irmãos na medida em que comungam dignamente, se unem devotamente ao Senhor em sua paixão e imitam o seu gesto de amor na oferta de seu sacrifício. Para são Francisco, a Eucaristia é a memória viva e atuante de sua presença amorosa para conosco ou ainda comemoração do seu amor que se torna símbolo da unidade e do amor fraterno[240].

Francisco medita o evangelho de Jo 13 texto que alude a celebração da ceia e do lava-pés. A celebração do mistério pascal já começa na Quinta-feira santa com a ceia do Senhor e o lava-pés. Ele cita este evangelho em alguns dos seus escritos[241].

---

[238] Cf. 2C 201.

[239] *"Pasme o homem todo, estremeça a terra inteira, rejubile o céu em altas vozes quando, sobre o altar, estiver nas mãos do sacerdote o Cristo, Filho de Deus vivo! Ó grandeza maravilhosa, ó admirável condescendência!O humildade sublime, ó humilde sublimidade! O Senhor do universo, Deus e Filho de Deus, se humilha a ponto de se esconder, para nosso bem, na modesta aparência do pão. Vede, Irmãos, que humildade a de Deus! Derramai ante Ele os vossos corações (Sl 61,9)! Humilhai-vos para que Ele vos exalte (1Pd 5,6)! Portanto, nada de vós retenhais para vós mesmos, para que totalmente vos receba quem totalmente se vos dá!"*. CO n. 26.

[240] Cf. 2C 217; EP 88; NYGUÊN-VAN-KANH, Nobert, p. 213-215.

[241] RNB 5, 15; CF 2, 41-42; Ad 4, 2; RNB 6, 3-4. Faz paralelo com Mt 20, 28.

Da celebração da Eucaristia Francisco vive intensamente o mistério pascal no testemunho de "minoridade", "serviço" e "caridade evangélica". A Eucaristia alimenta em F. o desejo de ser como Cristo, de imitar-lhe a sua prática de minoridade e serviço ao próximo no amor e na gratuidade. A Eucaristia transforma a vida de Francisco ao se assemelhar a Cristo crucificado que passa deste mundo ao Pai.

Por outro lado, não somente a Eucaristia, mas também "as santíssimas palavras de Deus" (verba sanctissima Domini) ou as "palavras odoríficas do Senhor" (odorifica verba Domini) são sinais da presença sacramental de Cristo[242].

O santo não usa a expressão "Escritura" para indicar a "Sagrada Escritura" ou a "Bíblia", mas frequentemente usa a expressão "Palavra de Deus" (verbum Dei), no singular; as "santíssimas palavras do Senhor" (verba santíssima Domini), no plural. Algumas vezes fala de "palavra escrita" (verba scripta)[243].

Que palavras são essas? Humanas ou divinas? Essas palavras do Senhor que s. Francisco se refere não somente à Escritura Sagrada, mas também às palavras sacramentais da consagração Eucarística; aos escritos litúrgicos que contém as fórmulas dos sacramentos, às orações e bênçãos (em particular as palavras da Escritura); e às palavras da pregação da Igreja proferida ora pelos pregadores ou pelos teólogos[244]. Trata-se das várias formas concretas da transmissão da Palavra de Deus segundo S. Francisco. Nelas o santo Pai discerne uma presença viva e vivificante. São palavras que comunicam espírito e vida.

São ao mesmo tempo palavras da Trindade[245]. Não são reservadas a uma única pessoa. Cada uma delas em particular bem como toda Trindade tem relação com as santas palavras. Em sua meditação do evangelho de João 17, F. vê ligação profunda entre as pessoas da Trindade em relação dinâmica e íntima em referência a ação e a eficácia dessas santas palavras[246]. Na relação com as palavras cada pessoa divina tem um papel especifico: do Pai procede a Palavra; o Filho é o mediador da Palavra e o Espírito Santo o vivificador.

---

[242] NYGUÊN-VAN-KANH, Nobert, p. 25 -258.
[243] Cf. RNB 16, 9; 22, 11-16; 22, 47 ss; CINDY CHARRIÈRE, MUCPatrem. *Il sacramento della sante parolein Francesco d'Assisi.* Roma, n. 111, 2011, p. 459.
[244] cf. T 13.
[245] NYGUÊN-VAN-KANH , p.43-250; CINDY CHARRIÈRE, MUCPatrem. p. 465-467.
[246] Ad 9, 1-16; 2 CF 56-60; RNB 22, 38-47.

A palavra por meio do Filho vem a nós da parte do Pai, como indica a oração sacerdotal de Jesus. Para F. a palavra procede do Pai. Ela é a Palavra do Pai:

"palavras de Nosso Senhor Jesus Cristo, que é o verbo do Pai, e as palavras do Espírito Santo, que são espírito e vida"[247].

E em outro lugar:

"Esta Palavra do Pai..."[248]. É a palavra que se encarna[249].

Por sua vez, o Filho é a Palavra e, por conseguinte, o Espírito Santo é Aquela Pessoa que dá a vida, espírito vivificante da Palavra. Nele está a vida da Palavra. Assim, nessas santas palavras que compreendem a Bíblia e a pregação da Igreja é presença viva e vivificante. Elas comunicam vida aos fiéis que sabem acolhe-las. Porque é o Espírito que vivifica e não a letra, então segundo F. toda palavra de Deus é palavra do Espírito Santo. Assim como aconteceu na encarnação e que se prolonga na Eucaristia também se realiza no anúncio e na acolhida das santas palavras: O Espírito está presente e dá a vida[250].

Segundo Francisco, no Filho está a mediação dessa palavra ou palavras pelo qual Deus Trindade fala aos fiéis. Portanto, não são meras palavras humanas, mas do Deus-Trindade. Para o pobrezinho de Assis, toda Trindade fala a nós por meio de Cristo. Toda Trindade em sua íntima relação de amor nos dá as palavras, que não são nossas, mas do Pai, do Filho e do Espírito Santo. Com efeito, toda vez que fala em seus escritos do sacramento do Corpo e do Sangue de Cristo, fala também de suas santíssimas palavras[251].

---

[247] 1 CF 3.
[248] 1 CF 54-60.
[249] 2 CF 4.
[250] CINDY CHARRIÈRE, MUCPatrem. p. 466-467.
[251] *"1. Reflitamos, todos os clérigos, sobre o grande pecado e sobre a ignorância que alguns têm sobre o santíssimo corpo e sangue de nosso Senhor Jesus Cristo e sobre os sacratíssimos nomes e palavras dele escritos, que santificam o corpo. 2. Sabemos que não pode haver o corpo se não for primeiro santificado pela palavra. 3. Pois nada temos e vemos corporalmente neste século do próprio Altíssimo a não ser o corpo e o sangue, os nomes e as palavras, pelos quais fomos feitos e remidos da morte para a vida (1Jo 3,14). 4. Portanto, todos os que administram tão santíssimos mistérios, considerem dentro de si, principalmente os que administram ilicitamente, como são vis os cálices, os corporais e panos em que é sacrificado seu corpo e sangue. 5. E é colocado por muitos em lugares vis abandonado, é carregado de maneira miserável e recebido indignamente, e administrado a outros indiscretamente. 6. Também seus nomes e palavras escritas às vezes são pisoteados;... 10. Portanto, emendemo-nos depressa e firmemente disso tudo e de outras coisas; 11. e onde quer que esteja o santíssimo corpo de nosso Senhor Jesus Cristo ilicitamente colocado e abandonado, seja removido desse lugar e colocado e confiado a um lugar*

Ao lado da Eucaristia, as santíssimas palavras são igualmente sacramento visto que para Francisco Cristo está presente "corporalmente", isto é, realmente e sacramentalmente não somente na Eucaristia, mas ainda nas palavras de Deus. Essas palavras são sinais da presença corporal do Filho de Deus[252].

No anúncio dessas palavras do Senhor, Cristo vem ao encontro dos fiéis para alimentá-los. Portanto, o termo usado por F. "corporaliter" se aplica não somente à Eucaristia, mas também aos "seus nomes e palavras seja da liturgia, da pregação e da Bíblia"[253]. Esse termo "corporaliter" indica segundo F. presença eucarística. Elas são sinal corporal da presença e atuação do Filho de Deus. Neste sentido, se pode dizer que elas também são ao lado da Eucaristia, "sacramento" porque nelas se faz presente o Filho de Deus em sua Páscoa.

Toda vez que F. fala do Corpo e do Sangue do Senhor fala também de suas santas palavras[254].

O pobrezinho de Assis diz o seguinte em relação aos sacerdotes:

"33 Também devemos visitar as igrejas frequentemente e venerar os clérigos e reverenciá-los, não só por eles, se forem pecadores, mas pelo ofício e administração do santíssimo corpo e sangue de Cristo, que sacrificam no altar e recebem e administram aos outros. 34 E saibamos firmemente todos que ninguém pode salvar-se, senão pelas

---

*precioso. 12. De maneira semelhante, os nomes e palavras do Senhor escritas, onde quer que se encontrem em lugares imundos, sejam recolhidos e devam ser colocados em lugares honestos".*Em outro texto declara: *"2 Como sou servo de todos, a todos estou obrigado a servir e a prestar-lhes em serviço as odorosas palavras de meu Senhor.3 Por isso, considerando na mente, que, em pessoa, pela enfermidade e debilidade do meu corpo, não poderia visitar a cada um, me propus, por meio desta carta e de mensageiros, anunciar-lhes as palavras de Nosso Senhor Jesus Cristo, que é Palavra do Pai, e as palavras do Espírito Santo, que são espírito e vida (Jo 6,64). 4 Esta Palavra do Pai, tão digna, tão santa e gloriosa, foi anunciada pelo altíssimo Pai lá do céu, por meio de seu santo anjo Gabriel, no útero da santa e gloriosa Virgem Maria, de cujo útero recebeu a verdadeira carne de nossa humanidade e fragilidade. 5 O qual, sendo rico (2 Cor 8,9) sobre todas as coisas, quis ele mesmo escolher a pobreza no mundo com a beatíssima Virgem, sua mãe".* CC 1-6. 10-12.

[252] *"10 E o faço por isto: porque nada vejo corporalmente neste século do mesmo Filho de Deus, senão o santíssimo Corpo e o seu santíssimo Sangue, que eles recebem e só eles administram aos outros 11 E esses santíssimos mistérios sobre todas as coisas quero que sejam honrados, venerados e colocados em lugares preciosos. 12 Os santíssimos nomes e suas palavras escritas, onde quer que os encontre em lugares ilícitos, quero recolher e rogo que sejam recolhidos e colocados em lugar honroso13 Também a todos os teólogos e aos que nos administram as santíssimas palavras divinas devemos honrar e venerar como a quem nos administra espírito e vida (cfr. Jo 6, 64)".* T 10-13.
[253] Cf. NGUYÊN-VAN-KHANH. Nobert, p. 233.
[254] NGUYÊN-VAN-KHANH, Nobert, p. 232.

santas palavras e o sangue de nosso Senhor Jesus Cristo, que os clérigos pronunciam anunciam e administram. 35 E só eles devem administrar e não outros"[255].

Ao falar da pregação o santo de Assis usa o termo "administrare". Assim com ele emprega para designar a distribuição ministerial da Eucaristia aos fiéis, também emprega esse termo ao falar do serviço dos teólogos, daqueles que tem o encargo de ministrar as palavras do Senhor que são espírito e vida[256]. Também esse termo é empregado para designar a ação pela qual a Palavra de Deus é transmitida aos fiéis. Com efeito, pregar é dá o Cristo aos fiéis a semelhança do que acontece ao administrar a Eucaristia. Na pregação Cristo é dado aos fiéis assim como se dá através das espécies do pão e do vinho[257].

Para F. a Palavra tem dimensão trinitária. Refere-se às três pessoas divinas: as santas palavras são palavras do Pai, do Filho e do Espírito Santo. As palavras são de Nosso Senhor Jesus Cristo que é também o "verbo do Pai"[258]. Ao acolher as santas palavras se estabelece relação profunda e íntima entre Deus-Trindade e o homem como inabitação de Deus no homem[259]. Cria-se um vinculo de amor entre o fiel e a Trindade. Francisco crê nessa presença real de Deus no fiel que acolhe as santas palavras. O fiel revela a Deus[260]. Enquanto Deus se dá aos homens em suas santas palavras, o homem por sua vez é chamado a recebê-la na fé.

Assim toda vez que os fiéis escutam e acolhem essas palavras participam também de um banquete onde próprio Senhor nos sinais das palavras humanas da pregação da Igreja se lhes dá amorosamente como alimento de Vida eterna. A Eucaristia está intimamente e indissoluvelmente unida às palavras de Deus porque pelo poder da graça da palavra se realiza a Eucaristia. É pela palavra que se realiza os sacramentos e, por consequência, a presença real do Senhor. Em última análise, as palavras divinas e a Eucaristia são dois aspectos essenciais ou as duas mesas que prolongam e visibilizam hoje o mistério da encarnação[261].

---

[255] 2 CF 33-35.
[256] Ad 26, 3.
[257] Cf. RNB 22, 1; RNB 22, 9-10.
[258] 1 CF 3.
[259] CF 1, 48; Lc 8, 21 e Jo 14, 23.
[260] Cf. Leg. Par. 95; 2C 96; LM 110; Esp. 94.
[261] NGUYÊN-VAN-KHANH. Nobert, p. 258.

Que relação há entre as santas palavras do senhor e os sacramentos? Para o santo de Assis a Palavra santifica os sacramentos. A Eucaristia, por exemplo, vem sempre acompanhada pela Palavra na visão de fé de Francisco. Ao contrário dos seguimentos heréticos como, por exemplo, os cátaros, valdenses e outros. O pobrezinho de Assis segue a doutrina da Igreja que crê no poder, na graça e na eficácia da Palavra que santifica os sacramentos. Contudo, sem depender do estado moral do ministro[262].

Mais uma vez neste caso, F. intui a "kenósis" ou abaixamento ou humilhação do Filho de Deus que desce até a pessoa pobre dos sacerdotes com os seus limites e fraquezas humanas. Tal é a pobreza do ser humano a quem Cristo desceu, nele habita e se faz presente como sinal da sua presença humilde e pobre, mas também gloriosa.

Para F. os sacramentos continuam o movimento kenótico do Filho de Deus. Não só na Eucaristia, mas também no sacramento das santas palavras. F. intui uma teologia da Palavra. Pensa no Cristo, Palavra do Pai que se encarnou na pobreza e fragilidade dos "nomes e palavras". Ele desceu até nós em humildade e abaixamento e, por conseguinte, assumiu os "nomes e palavras" humanas. Deus hoje continua a se revelar em seu Filho Jesus nesses nomes e palavras. Porque um Deus condescendente e misericordioso continua a se despojar de si mesmo para se doar a nós. Por isso, assume a fragilidade de nossas palavras, que ele chama "nomes e palavras". Esse Cristo, Palavra do Pai que outrora se manifestou no seio da santíssima Virgem, hoje se revela na fragilidade e pobreza da palavra humana. No presente Ele fala conosco e nos comunica espírito e vida.

Igualmente para F. cada objeto litúrgico, as igrejas, as alfaias, as palavras do missal, enfim o cálice, a patena, etc. na visão de F. são elementos singelos, pobres e humildes[263]. Assim, é justamente por meio deles que Cristo está presente hoje e que cheio de amor se abaixa para se nos doar, comunicar vida, nos redimir e conduzir à salvação. Daí porque ele ressalta com insistência sobre o lugar de sua dignidade na celebração litúrgica. F. faz questão em exortar aos frades que tenham todo cuidado com

---

[262] Cf. Test. 9-10; Ad 9; 2 CF 33-34, etc.

[263] "*10 E o faço por isto: porque nada vejo corporalmente neste século do mesmo Filho de Deus, senão o santíssimo Corpo e o seu santíssimo Sangue, que eles recebem e só eles administram aos outros. 11 E esses santíssimos mistérios sobre todas as coisas quero que sejam honrados, venerados e colocados em lugares preciosos. 12 Os santíssimos nomes e suas palavras escritas, onde quer que os encontre em lugares ilícitos, quero recolher e rogo que sejam recolhidos e colocados em lugar honroso. 13 Também a todos os teólogos e aos que nos administram as santíssimas palavras divinas devemos honrar e venerar como a quem nos administra espírito e vida* (cfr. Jo 6, 64)". Test. 10-13.

esses objetos porque evocam essa presença kenótica do Senhor. Ele continua a se encarnar na celebração litúrgica. Hoje Ele está em nosso meio como ressuscitado, servo e pobre que se nos dá como alimento nas palavras da Igreja.

Por que motivo essas palavras do Senhor são eficazes? São três os motivos:

1) santificam os sacramentos; concedem vida aos homens e exigem ao homem que viva dessa palavra. Cristo se doa aos homens por meio dos sinais se fazendo presente na comunidade humana até ao final dos tempos.

2) Mediante as palavras do Senhor atuam os sacramentos. Os movimentos heréticos de orientação desencarnada e espiritualista negavam não só a presença real de Cristo na Eucaristia, mas também a dignidade do ser humano em sua corporeidade, fragilidade e vulnerabilidade. F. ao contrário prega tanto a presença real do Senhor como também reafirma a dignidade do sacerdote mesmo sendo o maior dos pecadores. Porque Cristo nele se faz presente e por meio deles realiza os sacramentos, especialmente a Eucaristia.

3) Exige de nós relação viva com essa palavra recebida na fé: movimento pascal de conversão; prática da palavra e testemunho da fé. Requer, pois, adesão ao seguimento nas pegadas do Senhor. Portanto, a eficácia não está somente na escuta, mas também na prática da Palavra acolhida mediante as santas palavras.

2. Modelos de Igreja

Após reflexão sobre os sacramentos, aprofundamos compreensão da Igreja em são Francisco de Assis. Que visão de Igreja tem são Francisco? O santo de Assis tem visão ampla, profunda e rica da Igreja. Portanto, não a compreende somente segundo um ou outro aspecto, mas segundo o prisma de vários modelos. A partir dos seus escritos refletimos sobre os modelos[264] e elementos constitutivos de sua eclesiologia. Francisco considera a Igreja naturalmente como instituição; Povo de Deus; Sacramento,

---

[264] Modelos são imagens que usadas com frequência se tornam paradigmas e que ajudam a mediar o mistério da Igreja. WILLIAM, NG, *Franciscan Perspectives on Eclesiological Models*, in: Theology Annual, vol. 18, p. 111-141). Cf. também: MATURA, Thaddée, *La Iglesia en los escritos de Francisco de Asís*,Selecciones de Franciscanismo,vol. XIV, n. 40, 1985, p. 27-44.

Comunhão, Trindade, Templo, Vivência do carisma na Ordem. Por consequência, esses modelos e elementos se complementam e se equilibram[265].

2.1. Igreja como Instituição

Francisco vive em contexto medieval, cujo modelo de Igreja é o institucional. A Igreja é a societas perfecta (sociedade perfeita). O santo de Assis respira modelo eclesial da cristandade medieval. Esse modelo tende a acentuar a estrutura hierárquica ou de governo como elemento formal. Os poderes e as funções da Igreja se dividem em três: 1. ensinar; 2) santificar e 3) governar.

A partir desses três elementos da estrutura de poder se pode contemplar a visão institucional de são Francisco. Para ele esse modelo é óbvio, prático e claro. Ele vive e pensa no contexto dessa compreensão institucional. As relações nessa estrutura de poder se dão de três modos: 1. Ensinar e receber o ensino; 2. Santificar e ser santificado e 3. Governar e ser governado.

No primeiro modo, o pai seráfico tem ideia clara de que os irmãos devem se conformar ao ensinamento da Igreja, isto é, ser parte da Igreja discente. Os irmãos e fiéis devem acolher a doutrina eclesiástica. Há primazia quando se trata do ensinamento da Igreja:

"1 Todos os frades sejam católicos, vivam e falem catolicamente 2Mas se alguém se desviar da fé e vida católica de palavra ou fato e não se emendar, seja absolutamente expulso de nossa fraternidade"[266]. Essas são as condições para se aceitar um candidato. Francisco também escreve: *"2 Mas os ministros examinem-nos diligentemente sobre a fé católica e os sacramentos da Igreja"*[267].

No contexto daqueles que santificam e são santificados, Francisco tem respeito e veneração para com os clérigos:

"3 Também devemos visitar as igrejas frequentemente e venerar os clérigos e reverenciá-los, não só por eles, se forem pecadores, mas pelo ofício e administração do santíssimo corpo e sangue de Cristo, que sacrificam no altar e recebem e administram

[265] Cf. WILLIAM, NG, *Franciscan Perspectives on Eclesiological Model.* p. 111-141. Cf. também: MATURA, *Thaddée. La Iglesia en los escritos de Francisco de Asís*. p. 27-44.
[266] *RNB 19, 1-2.*
[267] *RB 2,2.*

aos outros. 34 E saibamos firmemente todos que ninguém pode salvar-se, senão pelas santas palavras e o sangue de nosso Senhor Jesus Cristo, que os clérigos pronunciam anunciam e administram"[268].

O motivo dessa veneração não está nos méritos dos sacerdotes, mas na sua relação sacramental com a Eucaristia, única fonte de nossa santificação.

E, por fim, no terceiro modo, governar e ser governado, o irmão de Assis professa obediência à santa madre Igreja. Vários textos indicam essa atitude de obediência à autoridade da Igreja exigida por são Francisco como regra a ser seguida:

"3 Para isso imponho por obediência aos ministros que peçam ao senhor papa um dos cardeais da santa Igreja Romana que seja governador, protetor e corretor desta fraternidade, 4 para que sempre súditos e sujeitos aos pés da mesma santa Igreja, estáveis na fé (cfr. 1Col 1,23) católica, observemos a pobreza e humildade e o santo evangelho de nosso Senhor Jesus Cristo, que prometemos firmemente"[269]

Essa obediência à autoridade segundo o pobrezinho de Assis de modo nenhum é obstáculo, mas expressão da fé, razão de identidade e motivação para a missão. Para F. a realidade existencial da Igreja como instituição é um bem ou valor. Isso não significa dizer que F. pensa de modo clericalista, juridicista ou ainda triunfalista. Francisco nunca quis ser sacerdote, nem se colocava de forma rígida diante do irmão que pecou. Mas tratava a todos com misericórdia e compaixão. Essa sua atitude de obediência cultivada como virtude de humildade reflete como veremos sua visão sacramental ampla segunda a qual contempla a presença de Cristo no todo da instituição eclesial. Portanto, em suas mediações humanas, Francisco não a experimenta e a contempla meramente como realidade humana, mas como que espaço imbuído da graça divina.

Além disso, outros modelos completam a visão eclesiológica de Francisco, eliminando a possibilidade de mentalidade simplesmente "institucionalista". Para Ele a Igreja mais do que hierárquica é "povo de Deus".

2.2. Igreja povo de Deus

---

[268] 2 CF 32-33.

[269] *(RB 12, 3-4).*Francisco declara também: *"12 Ninguém seja recebido contra a forma e a instituição da santa Igreja" (RNB 2, 12)."1 Nenhum frade pregue contra a forma e a instituição da santa igreja..." (RNB 17, 1ª).1 Os clérigos rezem o ofício divino segundo a ordenação da Igreja Romana... (RB 3, 1).*

O modelo do povo de Deus é objetivo, realístico e prático. Francisco não usa o termo "povo de Deus", mas intui visão do povo de Deus[270].

No último capítulo da primeira regra, Francisco convida (suplica) à toda Igreja (e no mundo vindouro) a dar graças a Deus[271]. Trata-se de visão essencialmente "universal" do Povo de Deus, correspondendo a duas partes da Igreja triunfante no céu e a Igreja peregrina a caminho (in via). Essa Igreja gloriosa no céu é referida por F. numa espécie de ladainha dos santos:

"6 E a gloriosa mãe beatíssima Maria sempre Virgem, o bem-aventurado Miguel, Gabriel e Rafael e todos os coros dos bem-aventurados serafins, querubins, tronos, dominações, principados, potestades, virtudes, anjos, arcanjos, o bem-aventurado João Batista, João Evangelista, Pedro, Paulo e os bem-aventurados patriarcas, profetas, Inocentes, apóstolos, evangelistas, discípulos, mártires, confessores, virgens, bem-aventurados Elias e Enoque, e todos os santos, que foram e serão e são, por teu amor humildemente pedimos, que, como te agrada, por essas coisas te dêem graças, sumo Deus verdadeiro, eterno e vivo, com teu Filho caríssimo nosso Senhor Jesus Cristo e o Espírito Santo Paráclito nos séculos dos séculos (Ap 19,3). Amém. Aleluia (Ap 19,4).

Essa Igreja no céu parece que tem uma ligação com a Igreja na terra. Por outro lado, F. fala do chamado de todo povo de Deus na terra a louvar e a servir a Deus. E mais. F. fala da Igreja na terra em perspectiva católica e universalista:

"7 E a todos os que querem servir ao Senhor Deus dentro da santa Igreja católica e apostólica, e a todas as ordens seguintes: sacerdotes, diáconos, subdiáconos, acólitos, exorcistas, leitores, hostiários e a todos os clérigos; e a todos os religiosos e religiosas; a todos os conversos e postulantes, pobres e necessitados, reis e príncipes, trabalhadores e agricultores, servos e senhores; todas as virgens e continentes, e casadas; leigos, homens e mulheres, todas as crianças, adolescentes, jovens e velhos, sãos e enfermos, todos os pequenos e grandes, e todos os povos, gentes, tribos e línguas (cfr. Ap 7,9), todas as nações e todos os homens de qualquer lugar da terra, que são e serão, pedimos humildemente e suplicamos, nós, todos os frades menores, servos inúteis

[270] Cf. William, NG, *Franciscan Perspectives on Ecclesiological Models*, in: Theology Annual, vol. 18, p. 111-141.
[271] RNB 23, 7.

(Lc 17,10), que todos perseveremos na verdadeira fé e penitência, porque de outra maneira ninguém pode salvar-se"[272].

Indiretamente o santo se refere às várias categorias e ofícios do povo, mostrando assim que o serviço do Reino não é propriedade restrita à hierarquia eclesiástica, mas abrange todos os homens e mulheres, de todas as idades, etc. Cada um conforme a sua categoria é chamado a responder sem distinção ao chamado de Deus. Todos são chamados a estar a serviço do Senhor sejam onde estiver, gente de todas as línguas, povos e raças. A visão de Francisco é de uma Igreja em comunhão e participação universal. Neste sentido, o serviço ou ministério eclesial não se restringe a um grupo, uma casta ou uma classe religiosa, mas a todo povo de Deus, ou seja, a todos aqueles que desejam servir na Igreja católica e apostólica.

Francisco pensa na função do ministro como "servo". Mas, o que é ministério segundo o pobrezinho de Assis? E quem é e qual a função dos ministros da hierarquia (papa, bispo, diáconos, etc.). O próprio Francisco é considerado "clérigo", ou seja, diácono e se considera "servo de todos".

"sendo servo de todos, tenho de servir e alimentar a todos com as odoríferas palavras de meu Senhor"[273].

Francisco se intitula de "vosso pequenino servo" (vester parvulus servulus)[274].

Para F. o ministro assim como toda a Igreja e os sacramentos tem forma kenótica, isto é, são mediações que continuam o abaixamento ou humilhação do Senhor que se encarna na humanidade pobre e frágil da Igreja hoje revelando a sua graça e a sua glória. O ministério é serviço e tem dimensão de minoridade. O ministro é um servo. Alguém que se abaixa em vista do bem dos irmãos. Deste modo, o ofício do servo será sempre lavar os pés dos outros, conforme a instrução e ordem do Senhor:

"1 Não vim para ser servido, mas para servir (cf. Mt 20,28), diz o Senhor. 2Os que estão constituídos sobre os outros, gloriem-se dessa prelatura como se tivessem sido encarregados do ofício de lavar os pés dos irmãos.3 E quanto mais se perturbam

---

[272] *RNB 23, 7.*
[273] 2 CF 2.
[274] CO 3.

por lhes tirarem a prelatura do que por lhes tirarem o ofício de lavar pés, tanto mais acumulam bolsas para o perigo da alma"[275].

Neste sentido, o ministério nunca é "status" de poder ou serviço ao dinheiro, mas ao contrário, atitude de humildade de quem se põe a serviço, lavando os pés uns dos outros. Segundo o Evangelho foi este ensinamento que o Senhor nos deixou em contexto eucarístico[276].O pobrezinho de Assis considera essa instrução como elemento fundamental em sua experiência eclesial.

Portanto, segundo o texto, na Igreja o ministro não é o maior, mas o "menor":

"2 Mas o ministro procure provê-los de tal maneira, como ele mesmo quisera que se lhe fizesse, se estivesse em caso semelhante. 3 E nenhum se chame prior, mas em geral todos se chamem frades menores. 4 E um lave os pés do outro (cfr. Jo 13,14)"[277].

Em outro lugar afirma:

"10 Pois, como diz o Senhor no evangelho: "Os príncipes dos povos os dominam, e os que são maiores exercem poder sobre eles", (Mt 20,25), mas não será assim entre os irmãos (cfr. Mt 20,26); 11 e todo que quiser entre eles ser o maior seja seu ministro (cfr. Mt 20,26) e servo; 12 e quem é o maior entre eles faça-se como o menor (Lc 22,2). "6 E lembrem os ministros e servos que diz o Senhor: "Não vim para ser servido mas para servir" (Mt 20,28) e que lhes foi confiada a solicitude pelas almas dos frades, dos quais, se algo se perder por sua culpa e mau exemplo, no dia do juízo terão que dar contas (cfr. Mt 12,36), diante do Senhor Jesus Cristo"[278].

Só aos ministros hierárquicos é concedido o anuncio da Palavra e a administração dos sacramentos[279]. O sacerdócio tem o seu valor. Francisco convida aos seus irmãos a reconhecerem a dignidade de seu "ministério sacerdotal", procurando viver em santidade:

"23. Vede vossa dignidade, irmãos (cfr. 1Cor 1,26) sacerdotes, e sede santos, porque Ele é santo (cfr. Lv 19,2). 24. E assim como o Senhor Deus os honrou acima de

---

[275] Ad 4, 1-3.
[276] Cf. 2CF 13.
[277] RNB 6,2.
[278] RNB 4, 6.
[279] 2 CF 35.

todos por causa desse ministério, assim também vós amai-o, reverenciai-o e honrai-o sobre todos"[280].

2.3. Igreja como sacramento

Na eclesiologia Francisco tem uma compreensão toda própria e particular muito diferente dos movimentos pauperísticos de sua época. Enquanto esses movimentos interpretam de forma dualista e maniqueísta a realidade da Igreja, considerando-a mais em seu aspecto divino e perfeito do que humano, s. Francisco experimenta a presença de Cristo no espaço sagrado da Igreja. Francisco considera o templo, o clero, os objetos litúrgicos, a liturgia, a Bíblia, os teólogos de modo sacramental e místico. Porque simbolicamente tudo recorda e remete à presença de Cristo.

Igualmente, ele enfatiza a obediência ao Papa, aos bispos e demais sacerdotes, porque vê neles a ação do Cristo sacerdote. Não interessa saber o tamanho dos seus pecados, mas unicamente a presença do Senhor que neles celebra e se oferta a Si mesmo por amor a nós. Francisco tem uma visão eclesiológica "sacramental"que lhe permite compreender a Igreja não de forma isolada ou dualista, mas integrada em seu conjunto seja material e espiritual, divino e humana, interior e exterior. É na Igreja pela ação do Espírito Santo que ele encontra na realidade das estruturas humanas, o seu Senhor como mestre, pastor e guia.

Essa Igreja é a Igreja do Verbo encarnado, onde Cristo continua a realizar a sua kenosis. Ele se abaixa em humildade e despojamento, assumindo a pobreza e a fraqueza da Igreja.

"28. Vede, irmãos, a humildade de Deus e derramai diante dele os vossos corações (Sl 61,9); humilhai-vos também vós, para serdes exaltados por Ele (cfr. 1Pd 5,6; Tg 4,10). 29. Por isso não retenhais nada de vós para vós mesmos, para que vos receba inteiros aquele que a vós se dá inteiro[281].

A Igreja tem forma kenótica. Essa kenosis é dinâmica e deve estar sempre acontecendo na Igreja e em seus membros. Daí porque na Igreja, no mais profundo de sua humanidade frágil e pobre, Cristo se revela em sua glória. Assim como Cristo é o sacramento do Pai, a Igreja é o sacramento de Cristo. Hoje na Igreja acontece o

---

[280] CO 23-24.
[281] *CO 28.*

abaixamento de Cristo para o mundo. Portanto, a Comunidade eclesial em seu mistério não é só sociedade visível, mas também invisível, sacramento da presença do Senhor[282].

2.4. Igreja, lugar de comunhão

A Eucaristia não se separa da vida eclesial e sacramental. Na verdade, a Eucaristia está no centro ou no coração da Igreja. Trata-se da expressão maior do mistério da encarnação continuada hoje. É a Eucaristia que faz a Igreja. Ela realiza a nossa comunhão com a Trindade e, ao mesmo tempo,com os irmãos e irmãs. Francisco não usa o conceito de "corpo místico", mas intui a partir de sua compreensão eucarística da Igreja essa incorporação e comunhão num só corpo, conforme eclesiologia paulina[283].

Na Eucaristia o mesmo Cristo que se revela também se faz presente em todas as partes, em vários lugares e em tempos diferentes, sem se perder,sendo o mesmo e único Cristo que se revela, opera e se doa. Segundo o pobrezinho de Assis, a Eucaristia expressa a unidade da Igreja[284].

"30. Admoesto, por isso, e exorto no Senhor, que nos lugares em que os frades moram celebre-se apenas uma missa no dia, segundo a forma da santa Igreja. 1. Mas se houver vários sacerdotes no lugar, fique contente cada um, por amor da caridade, de ouvir a celebração de outro sacerdote. 32. Porque o Senhor Jesus Cristo preenche os presentes e os ausentes que são dignos dele. 33. O qual, embora se veja que está em vários lugares, todavia permanece indivisível e não conhece detrimento algum, mas, sendo um em toda parte, age, como lhe agrada, com o Senhor Deus Pai e o Espírito Santo Paráclito nos séculos dos séculos. Amém".

Para Francisco, a Igreja é o lugar da comunhão com Cristo. As estruturas visíveis estão a serviço da comunhão eclesial. Afirma o teólogo franciscano Alfonso Pompei:

[282] Cf. GERKEM, Alexander, *L'Intuition Theologique de Saint François d'Assise*, p. 10-12, trad. franc. Do artigo *Die theologische Intuition des Heiligen Franziskus Von Assisi*, Dusseldorf, Wissenschaft und Weisheit, n. 2, 1982, p. 2-25.

[283] Cf. Ef 1, 22; 5, 23; Col. 1, 18; 1Cor 12, 8-11.

[284] CO 30-33.

"Na Igreja congregada em torno ao Bispo para celebrar a Eucaristia e que faz penitencia, Jesus Cristo está presente com a palavra e com o seu corpo e sangue, como esteve presente entre os primeiros discípulos durante a sua vida terrena"[285].

Segundo s. Francisco, a Igreja é a

"Comunidade congregada em torno do sacramento da Eucaristia, onde encontram Cristo e com Ele nos tornamos uma só coisa"[286].

A participação na Eucaristia nos incorpora e nos faz participar de um único corpo místico, que é a Igreja, segundo s. Paulo, onde Cristo é a cabeça e nós os membros. É aí que encontramos o Servo, o Senhor pobre e ressuscitado. A comunhão eucarística, ao mesmo tempo, que nos dá a graça de participarmos da vida divina da Trindade nos faz participar também na solidariedade dos membros do corpo entre si; nos dispõe ao amor uns pelos outros.

Em último lugar, essa comunhão com Cristo é ao mesmo tempo comunhão com a Trindade:

"A Igreja, portanto, é o lugar onde a Trindade está conosco, onde Cristo habita e vive ainda após a sua ressurreição e ascensão, onde Cristo atua na unidade do Pai e o Espírito Santo"[287].

2.5. Igreja, mistério da Trindade

Francisco tem visão trinitária da Igreja. Essa visão tem inspiração joanéia[288]. Na Regra não Bulada, ele reza a oração sacerdotal de Jesus, refletindo as relações do Pai com o Filho e do Filho com o Pai e de ambas pessoas conosco, considerando os discípulos ontem, hoje e do amanhã. Tal é a leitura que F. faz do evangelho de João.

Na primeira parte, o evangelista afirma que Jesus é o revelador do nome do Pai. Por conseguinte, é o Pai quem o clarifica assim como Ele clarifica ao Pai. Ele é a Palavra do Pai; procede do Pai e é o enviado da parte do Pai. Jesus também diz: *"e tudo o que é do Filho é também do Pai"*. Há entre as Pessoas divinas eterna comunhão.

---

[285] Cf. POMPEI, Alfonso, Eclesiologia Franciscana, in: MERINO, José Antonio - FRENESDA, Francisco Martinez, *Manual de Teologia Franciscana*, Madrid: BAC, 2003, p. 201.
[286] POMPEI, Alfonso, Eclesiologia Franciscana, p. 201.
[287] POMPEI, Alfonso, op. cit. p. 203.
[288] cf. RNB 22, 27-55.

Na segunda parte de sua leitura evangélica, Francisco repete essa passagem do evangelho, mostrando que essas relações se aplicam também a nós. Assim como na vida íntima da Trindade há amor mútuo, pertença recíproca, unidade, presença dinâmica de uma pessoa na outra, assim também na vida dos discípulos e escolhidos por Jesus. O mistério da comunhão trinitária afeta toda Igreja.Com efeito, a fé e a caridade dos discípulos de Jesus, membros de sua Igreja funda e estabelece comunhão e integração entre Deus e a humanidade redimida. Incluídos também nesta comunhão como vimos anteriormente ao falar sobre o povo de Deus, os anjos e santos.

"44 mas (rogo) por aqueles que me deste, porque são teus e tudo que é meu é teu (Jo 17,8-10)".

E continua:

"53 Não rogo por eles somente, mas também por aqueles que vão crer em mim por causa da palavra deles (cfr. Jo 17, 17-20), para que sejam consumados na unidade, para que o mundo conheça que tu me enviaste e os amaste, como me amaste (Jo 17,23). 54 E os farei conhecer teu nome, para que o amor com que me amaste esteja neles e eu neles (cfr. Jo 17,26)".

Nós recebemos a Palavra do Pai, fomos guardados do maligno; enviados ao mundo assim como a Pessoa do Filho; santificados na verdade. Somos aqueles que creem no Filho de Deus. Somos seus discípulos. Por isso conhecemos a Deus. E fomos unidos no amor do Pai e do filho, etc. Somos então chamados a participar do mistério de sua unidade com aquele mesmo amor que nos é dado pelo Pai e pelo Filho.

"45 Pai santo, guarda-os no teu nome, os que me deste, para que eles sejam um assim como nós (Jo 17,11)"

Somos incluídos no mistério da Trindade, nas relações do Pai e do Filho e do Espírito Santo visto que as Pessoas divinas se encontram ab aeterno e ex tempore em profunda comunhão e "pericorese" (termo grego)[289], pois uma Pessoa está na outra de forma dinâmica e relacional. A presença da terceira Pessoa na oração está implícita.

---

[289] Francisco não cita a palavra "pericorese" ou a sua tradução latina "circumincessio", mas intui essa dinâmica trinitária da presença divina que inclui de modo inefável uma Pessoa divina na outra.

Esta inclusão da nossa humanidade no mistério da Trindade, Pai, Filho e Espírito Santo, ficará ainda mais clara na leitura das primeira e segunda cartas aos fiéis[290].A Comunidade da Igreja, compreendendo os seus membros em conjunto ou em cada um em particular tem referência e relação com o Pai, o Filho e o Espírito Santo. Tal associação direta e profunda na vida íntima da Trindade, a faz participar de seu mistério de amor, também de sua comunhão e das "relações" das Pessoas entre si.

As Pessoas divinas se relacionam entre si e com a Igreja e lhe imprime algo de ser do seu mistério de modo que se apresentam no mundo como sinal de unidade e ícone da Trindade. Essa relação ou relações com a Trindade faz de cada membro da Igreja mãe, esposo, esposa, filha, numa palavra, família de Deus[291]. Portanto, Francisco não pensa num Deus solitário, nem numa Igreja separada ou justaposta à revelação do divino, mas incluída na vida de comunhão de amor da Trindade. Essa profunda relação na vida trinitária modela nossa missão e nossa relação fraterna. Tal é a leitura teológica que faz Francisco especialmente à luz de sua exegese do evangelho de são João.

2.6. Igreja, Templo do Espírito Santo

O Espírito Santo tem um papel importante na eclesiologia em São Francisco. Qual é esse papel na pessoa de cada fiel leigo? São Francisco usa o termo Espírito Santo

---

[290] *"5 Oh! como são bem-aventurados e benditos, eles e elas, enquanto fazem essas coisas e nelas perseveram, 6 porque descansará sobre eles o espírito do Senhor (cfr. Is 11, 2) e neles fará sua casa e morada (cfr. Jo 14, 23), 7 e são filhos do Pai celeste (cfr. Mt 5,45), cujas obras fazem, e são esposos, irmãos e mães de nosso Senhor Jesus Cristo (cfr. Mt. 12, 50). 8 Somos esposos, quando pelo Espírito Santo une-se a alma fiel a nosso Senhor Jesus Cristo. 9 Somos seus irmãos quando fazemos a vontade do Pai que está nos céus (Mt 12, 50). 10 Mães, quando o levamos em nosso coração e em nosso corpo (Cfr. 1Cor 6, 20), pelo amor divino e a consciência pura e sincera; e o damos à luz pela santa operação, que deve iluminar os outros com o exemplo (cfr. Mt 5, 16). 11 Oh! como é glorioso, santo e grande ter nos céus um Pai! 12 Oh! como é santo ter tal esposo: paráclito, belo e admirável! 13 Oh! como é santo e dileto ter tal irmão e filho, agradável, humilde, pacífico, doce, amável e sobre todas as coisas desejável: Nosso Senhor Jesus Cristo! que deu a vida por suas ovelhas (cfr. Jo 10,15) e orou ao Pai dizendo: 4 Pai santo, guarda-os em teu nome (Jo 17, 11), os que me deste no mundo; eram teus e mos deste (Jo 17,6). 15 E as palavras que me deste, lhas dei; e eles as receberam e creram, de verdade, que saí de ti e conheceram que me enviaste (Jo 17,8).16 Rogo por eles e não pelo mundo (cfr. Jo 17, 9).17 Bendize-os e santifica-os (Jo 17, 17), e por eles santifico a mim mesmo (Jo 17,19). 18 Não rogo só por eles, mas por aqueles que hão de crer em mim por sua palavra (Jo 17, 20), para que sejam santificados em um (Cfr. Jn 17, 23), como também nós (Jo 17, 11).19 E quero, Pai, que onde eu estou também eles estejam comigo, para que vejam minha claridade (Jo 17,24) em teu reino (Mt 20,21). Amém."* 1 CF 1, 1-19.

[291] *"48 E todos, eles e elas, enquanto isso fizerem e perseverarem até o fim, descansará sobre eles o Espírito do Senhor (Is 11,2) e fará neles habitação e morada (cfr. Jo 14,23).49 E serão filhos do Pai celeste (cfr. Mt 5,45), cujas obras fazem.50 E são esposos, irmãos e mães de nosso Senhor Jesus Cristo (cfr. Mt 12,50). 51. Somos esposos, quando pelo Espírito Santo une-se a alma fiel a Jesus Cristo.52 Somos certamente irmãos, quando fazemos a vontade de seu Pai, que está no céu (cfr. Mt 12,50); 53 mães, quando o levamos no coração e em nosso corpo (cfr. 1Cor 6,20) pelo amor e a consciência pura e sincera; o damos à luz pela santa operação, que deve iluminar os outros com o exemplo (cfr. Mt 5, 16)"* (2 CF 48-53).

trinta e oito vezes (38)[292]. Fala sete vezes (7) do Espírito Paráclito sempre em contexto trinitário. Francisco pensa a atuação do Espírito, terceira Pessoa, sempre em ação conjunta com as demais Pessoas da Trindade ao longo da história da salvação.

Para Francisco de Assis o Espírito Santo habita e faz morada nos fiéis e cada pessoa fiel em particular, consagrando-os em morada da Trindade. Assim, no Espírito Santo, a Igreja e cada fiel, alguém que recebeu o batismo e comunga do Corpo e Sangue do Senhor, está em comunhão com toda ssma. Trindade[293].

O Espírito Santo purifica os fiéis, transforma-os, fazendo-os passar de infiéis à fiéis a Deus, lhes enche de dons, virtudes e carismas. E, por conseguinte, lhes faz seguir as pegadas de Nosso Senhor Jesus Cristo. Quer dizer, nos faz discípulos e seguidores de Cristo, sintonizando a nossa ação à ação do Senhor que é sempre viva, presente, eficaz[294]. Ele nos faz participar da vida da Trindade e a se relacionar profundamente com cada Pessoa divina[295].

Na economia da salvação, o Espírito Santo age sempre com as outras Pessoas da Trindade. Está presente e atua na Igreja bem como em cada um dos fiéis. Sua presença é necessária à edificação da Igreja. Deste modo, Francisco é um teólogo não somente da comunhão ou da unidade mística da Igreja, corpo vivo do Senhor, mas também da Igreja presente e viva na pessoa de cada fiel batizado. Ele acentua sempre dimensão comunitária, pessoal e personalista da Igreja, templo do Senhor.

Ao receberem o Espírito Santo, os fiéis são chamados a responder a Deus com a sua vida, pondo-se a serviço do Reino, na edificação da Igreja. É Ele quem nos purifica, fecunda, vivifica etc. nossa missão, ministério, vida da graça, fazendo de nós verdadeiros "penitentes", homens e mulheres em movimento contínuo de conversão à espera do Reino definitivo. Mediante o dom da graça nos tornamos filhos do Pai celeste, estabelecendo nossa relação pessoal e íntima em comunhão com Deus e os irmãos e irmãs.

---

[292] VAN ASSELDONK, Optatus. "Espírito Santo, espírito, espiritual", in, *Dicionário Franciscano*, p. 204.

[293] 2 CF 48-53.

[294] cf. CO 50-52.

[295] "*50. Onipotente, eterno, justo e misericordioso Deus, dá a nós, miseráveis, fazer, por ti mesmo, o que sabemos que tu queres, e sempre querer o que te apraz, 51. para que, interiormente purificados, interiormente iluminados, e acesos no fogo do santo espírito, possamos seguir os vestígios de teu amado Filho, nosso Senhor Jesus Cristo, 52. e chegar só por tua graça a ti, Altíssimo, que na Trindade perfeita e na Unidade simples vives e reinas e és glorificado, Deus onipotente, por todos os séculos dos séculos. Amém*".

O Espírito Santo é o "esposo", o "santo" e o "consolador" que habita os nossos corações. E segundo São Francisco nós possuímos esse Espírito. É Ele que une as almas dos fiéis ao esposo Jesus Cristo de forma íntima e mística, tornando-as verdadeiras esposas do Senhor.

Além disso, o Espírito Santo opera especialmente em contexto eucarístico. Daí porque é chamado de "Espírito vivificador"[296] que nos concede a vida eterna. Sua presença e atuação faz da Eucaristia realidade viva, prenhe da presença de Cristo e nos une a Cristo e também entre nós. Por isso, comungar desse Corpo e desse Sangue significa possuir a vida eterna. Não possuí-lo implica condenação.

"11 Quem come a minha carne e bebe o meu sangue, tem a vida eterna (cf. Jo 6,55). 12 Por isso o espírito do Senhor, que mora em seus fiéis, é quem recebe o santíssimo corpo e sangue do Senhor. 13 Todos os outros, que não têm o mesmo espírito e presumem recebê-lo, comem e bebem a própria condenação (cfr. 1Cor 11,29)"[297].

Finalmente, quem possui esse Espírito do Senhor é o servo de Deus. Neste sentido, o Espírito do Senhor opera todo bem em nós porque Ele mesmo é a fonte de todo bem[298]. Este Espírito habilita o servo, consagrado a Deus, o unge, o acompanha, o purifica e o envia em missão. Deste modo, segundo Francisco, o Espírito Santo habitando cada um de nós, nos faz pessoas de oração, contemplação e missão; homens e mulheres pertencentes a Igreja.

2.7. Forma de vida franciscana, expressão da Igreja

Segundo o Concílio Vaticano II, a comunidade de vida dos irmãos se apresenta igualmente como expressão da Igreja[299]. Neste sentido, a comunidade religiosa, com o seu estilo de vida evangélica não é mais um órgão ou grupo da Igreja, mas um modo da Igreja ser. Essa forma de vida, experimentada em comunidade ou fraternidade, é elemento constitutivo fundamental da forma de vida religiosa, ressaltando muito bem a relação da comunidade de vida e a comunidade da Igreja.

---

[296] AD 1, 7.
[297] AD 1, 11-13.
[298] AD 8.
[299] LG 44. Cf. NG, William, *Franciscan Perspectives on Eclesiological Models*, in: Theology Annual, vol. 18, p. 111-141.

Neste sentido, a forma de vida religiosa oferece à Igreja a possibilidade de vida fraterna e apostólica na vivência do discipulado. Pois, a vida religiosa é uma expressão radical da Igreja. A mesma se situa no interior da Igreja, aparecendo em contraste à sociedade. Com efeito, se trata da imagem da Igreja, cujo testemunho profético está em contradição social com o mundo.

A comunidade religiosa, (seja ordem ou congregação) com o seu estilo de vida próprio é uma realização importante da Igreja. Neste sentido, se considera o estilo de vida e a regra da Ordem franciscana como atualização da experiência das comunidades cristãs do primeiro século.

Segundo o pai seráfico, a forma de vida dos irmãos é viver o Evangelho:

1 A Regra e vida dos Frades Menores é esta, a saber: observar o santo Evangelho de nosso Senhor Jesus Cristo vivendo em obediência, sem próprio e em castidade"[300].

A instituição eclesial é um elemento constitutivo da regra e, por conseguinte, da forma de vida franciscana:

"2 Frei Francisco promete obediência e reverência ao senhor papa Honório e a seus sucessores canonicamente eleitos e à Igreja Romana. 3 E os outros frades estejam obrigados a obedecer a Frei Francisco e a seus sucessores"[301].

Francisco não deseja criar ou fundar nova Igreja, mas viver em fraternidade na Igreja católica. Com efeito, com a sua fraternidade experimenta modo de ser Igreja encarnada, junto ao povo, a serviço dos pobres, doentes, leprosos. Uma Igreja missionária que vai ao encontro das realidades do ser humano. Tal fraternidade na vivência do carisma visibiliza uma Igreja pobre e discípula que resgata a forma kenótica do seguimento a Jesus pobre e crucificado. Este modo de ser Igreja contesta a sociedade a partir de dentro e convida todos os cristãos a resgatar as raízes da vida eclesial evangélica baseada nos valores da fraternidade.

A forma de vida franciscana, segundo Francisco se dá nos moldes da Igreja primitiva como vem noticiada nos breves sumários do livro dos Atos dos Apóstolos: vida baseada na assídua escuta da Palavra, nas orações e nas liturgias em comum,

---

[300] RB 1, 1.
[301] *RB 1, 2-3.*

especialmente na celebração da Eucaristia, na vida de trabalho e, na partilha, no cuidado fraterno com o outro, de modo especial para com os irmãos fracos e doentes. Igualmente, a sua eclesiologia ou visão de Igreja se pauta na vida de simplicidade e no exercício da minoridade, ou seja, em tudo ser irmão "menor", livre e gratuitamente, se colocando a serviço do Reino. A Igreja vivida em fraternidade se pauta na economia da comunhão e da partilha em favor de todos, especialmente os pobres.

Francisco ao propor esta forma de vida, pautada na contemplação de Deus como caridade, resgata eclesiologia bíblica e evangélica centrada na vida de pobreza, unidade e comunhão. Entretanto, tal modelo mais conformado e configurado ao Evangelho emerge uma Igreja pobre, despojada e humilde. Daí porque o rosto da Igreja deve ser o rosto do Deus caridade e humilde. Neste sentido, Deus em sua misericórdia infinita em movimento pascal desce e se abaixa continuamente, se fazendo presente no meio dos seus, comunicando os seus dons e virtudes e se colocando a serviço. Deste modo, a Igreja é continuamente chamada a almejar e a desejar sempre essa forma de vida conforme a dinâmica divina pascal da kenósis.

Certas imagens também são usadas para descrever a comunidade dos irmãos franciscanos como modo da Igreja ser, agir ou viver, pensando a mística da fraternidade como caminho (in via), indicando a índole itinerante do carisma franciscano. Os irmãos devem ir pelo mundo[302]. O santo de Assis deseja que os frades sejam "peregrinos e estrangeiros"[303]. Essas imagens se aproximam da eclesiologia da Lumen Gentium, constituição dogmática sobre a Igreja do Vaticano II, quando fala da "Igreja peregrina"[304].

E assim podemos encontrar muitos elementos constitutivos da forma de vida da fraternidade franciscana como verdadeiro modelo de ser Igreja.

Conclusão

Concluindo esta segunda parte, consideramos o aspecto eclesial da teologia do santo de Assis. O seráfico é um homem eclesial. Alguém que cultiva senso profundo de adesão, obediência e pertença a Igreja. Nunca incentiva aos confrades e aos fiéis leigos a deixarem a Igreja, mas nela permanecerem, não em estilo de vida clericalista, mas

302 RNB 14.
303 RNB 6.
304 LG 6.

fraterna, vivendo radicalmente a minoridade. O pobrezinho de Assis segue um caminho diferente daquele dos movimentos heréticos da época. Sendo a Igreja de Cristo realidade social, sua instituição e estruturas estão a serviço da salvação.

Francisco pensa a Igreja a partir do mistério da encarnação. Podemos dizer que a encarnação do Filho de Deus no seio da Virgem Maria é a origem, a razão e o destino da Igreja. A vida da Comunidade eclesial está fundada e fundamentada no mistério do Verbo encarnado.

Na kénosis do Senhor ou abaixamento livre e humilde do Filho até nós, se encarna e se revela na instituição eclesial, na pessoa, nas estruturas e nos ministros. Deus não poderia se encarnar sem assumir a fraqueza e a pobreza da realidade humana. Por conseguinte, essa natureza deve caminhar em santidade, procurando sempre se renovar.

A visão eclesial de Francisco resultado de sua meditação e vida evangélica rica em tantos elementos superam tanto o espiritualismo quanto ao institucionalismo, todo e qualquer tipo de dualismo e pensa a Igreja de forma integrada. Mais do que instituição a Igreja é "Povo de Deus", "comunhão e participação", "serviço", "sacramento", "revelação da vida da Trindade em nós e nós na Trindade", "fraternidade", "Minoridade", etc.

À luz desse mistério encontramos a base de cada modelo apresentado: não se excluem, mas se incluem mutuamente. Não se opõem, mas se completam e se complementam. Em suma, a Igreja para Francisco é Igreja da Eucaristia, isto é, mistério de comunhão.

3. Mariologia

Neste capítulo, refletimos a seguinte pergunta: Quem é Maria para São Francisco de Assis? Qual o lugar de Maria no mistério de Cristo e da Igreja?

Nesta parte de nossa reflexão buscamos aprofundar o seguinte: A igrejinha da Porciúncula consagrada a Nossa Senhora dos Anjos é o início da Ordem franciscana e da vida vocacional de são Francisco. Segundo o santo de Assis, ela é mãe santíssima, plena de graça, unida ao seu Filho no mistério da encarnação. Ela é imagem da Igreja, esposa do Espírito Santo, Virgem consagrada a ssma. Trindade. Ela é a rainha pobrezinha ao lado do seu Filho, o rei pobrezinho. E, por fim, F. pensa em Maria como intercessora nossa.

Não podemos entender o lugar de Maria na teologia de F. sem considerar o significado vital da igrejinha da Porciúncula. Desde o início de sua conversão, F. tem uma relação íntima e profunda, uma devoção a tal igrejinha, consagrada a Nossa Senhora dos Anjos. Aí se encontra o coração da vida vocacional de Francisco e o início do movimento franciscano. Isto explica o seu grande amor a Maria e a Igreja[305].

Francisco restaurou três igrejinhas pessoalmente: a de são Damião, São Pedro e a Porciúncula. Entretanto, somente a igrejinha de santa Maria dos Anjos, assim chamada de Porciúncula, teve maior importância e significado[306]. Por consequência, Francisco escolheu a igrejinha da Porciúncula, a menor entre todas elas, para fixar a sua morada, levando consigo os primeiros irmãos.

Ao reconstruí-la, passa a ser considerada "cabeça e mãe" de toda Ordem franciscana. O pobrezinho de Assis passou toda vida na casa de Maria para encontrar sempre a sua solicitude maternal. Para F. os frades nunca devem abandonar este lugar[307]. Nessa igrejinha nasceu a Ordem e, por conseguinte, se tornou modelo para todas as fraternidades. Este era um lugar de oração e contemplação e da vida de pobreza evangélica. Comunidade modelo da vivencia da vida apostólica.

---

[305] *"1 O servo de Deus Francisco, pequeno de estatura, humilde de pensamento e menor por profissão, escolheu para si e para os seus um pedacinho deste mundo, enquanto neste século tinha de viver, pois não poderia servir a Cristo sem ter alguma coisa do mundo. 2 Pois não deve ter sido sem a presciência do oráculo divino que foi chamado de Porciúncula o lugar que devia cair por sorte para aqueles que não queriam ter absolutamente nada do mundo. 3 Nele também tinha sido construída uma igreja da Virgem Mãe, aquela que, por sua humildade singular, mereceu ser cabeça de todos os santos logo depois de seu Filho. 4 Nela teve início a Ordem dos Menores, e sobre ela se ergueu, como em sólido fundamento, sua nobre estrutura de inumerável multidão. 5 O santo teve um amor especial por esse lugar mais do que por todos, quis que os frades o venerassem de maneira toda particular e quis que fosse conservado na humildade e na altíssima pobreza, como espelho de toda a sua Ordem, deixando a propriedade para outros e reservando para si e para os seus apenas o uso".* Cf. 2 C 18.

[306] *"1 Depois que o santo de Deus trocou de hábito e acabou de reparar a mencionada igreja, mudou-se para outro lugar próximo da cidade de Assis. Aí começou a reedificar outra igreja, abandonada e quase destruída, e desde que pôs mãos à obra não parou enquanto não terminou tudo. 2 Dali passou a outro lugar, chamado Porciúncula, onde havia uma antiga igreja da Bem-aventurada Virgem Mãe de Deus, mas estava abandonada e nesse tempo não era cuidada por ninguém. 3 Quando o santo de Deus a viu tão arruinada, entristeceu-se porque tinha grande devoção para com a Mãe de toda bondade, e passou a morar ali habitualmente. 4 No tempo em que a reformou, estava no terceiro ano de sua conversão. Por essa época, usava um como um hábito de ermitão, cingido com uma correia, e andava com um bastão e com os pés calçados"* 1 C 21.

[307] 1 C 106; cf. LM 2, 8.

Nesta igrejinha, Francisco acolhia novos irmãos. Nela teve lugar os capítulos[308]. Aí Francisco se sentia amado pela Virgem. Ainda neste lugar, ele escreveu as "Saudações a Mãe de Deus" e as orações do "Ofício da Paixão". Nela se dá o envio às missões. Enfim, tal igrejinha marcou a história vocacional de Francisco e de toda Ordem. Foi um lugar considerado muito especial e de muito significado afetivo para são Francisco. A Porciúncula se tornou então o coração da Ordem.

Na Porciúncula o pai seráfico experimentou de forma madura e profunda a eclesialidade mariana de sua vocação. Igualmente neste lugar, fortaleceu o seu amor a Virgem e a Igreja. Aliás, o seu amor a Virgem se transformou em amor à Igreja. Francisco cresce na consciência e na espiritualidade eclesial e contempla o verdadeiro significado de sua vocação e missão. Da restauração da igrejinha de pedra passa a Igreja de Jesus Cristo.

"1 Depois disso, Francisco, pastor daquele pequeno rebanho, precedido pela graça superna, levou os doze frades para Santa Maria da Porciúncula, para que, onde pelos méritos da Mãe de Deus tivera início a ordem dos Menores, ali recebesse um aumento por seus auxílios. 2 Também aí tornou-se um pregoeiro do Evangelho, percorrendo as cidades e os castros, anunciando o reino de Deus não com palavras doutas da sabedoria humana mas na virtude do Espírito"[309].

Francisco não é teólogo acadêmico e sistemático no sentido escolástico. Não elabora um tratado de mariologia, mas medita e reflete segundo a sua fé sobre o lugar de Maria no mistério da encarnação e na vida da Igreja. Na devoção de são Francisco, Maria é a mãe de Jesus; é cheia de graça e esposa do Espírito Santo. Ao falar de Jesus pensa em Maria, e ao falar em Maria pensa em Jesus. Esse pensamento que une e integra Cristo a sua mãe, consagrada também como nossa mãe, que em última análise resultará em visão eclesiológica. Neste sentido, entendemos as razões de seu amor e devoção a Virgem Maria:

"1 Tinha um amor indizível à Mãe de Jesus, porque fez nosso irmão o Senhor da majestade. 2 Cantava-lhe Louvores especiais, derramava orações, oferecia afetos, tantos e tais que uma língua humana nem pode contar.3 Mas o que mais nos alegra é que a constituiu Advogada da Ordem, e às suas asas confiou para serem protegidos até

[308] 1 C 106.
[309] *LM 4,5.*

o fim os seus que ia deixar. 4 Ó advogada dos pobres, cumpre conosco o teu ofício protetor por todo o tempo que foi predeterminado pelo Pai! (cfr. Gl 4,2)".

Por meio dela Deus manifestou a sua misericórdia para conosco[310]. Jesus se fez nosso irmão, Senhor da majestade, vindo até nós. Por meio dela, Deus realiza a obra da encarnação[311].Daí porque Maria é sempre motivo de louvor e ação de graças:

"21. Ouvi, irmãos meus: Se a bem-aventurada Virgem é assim honrada, como é digno, porque o carregou em seu santíssimo útero..."[312].

Francisco não deixa de associar Maria ao mistério da encarnação[313]. Neste mistério que é obra de Deus, Maria participou ativamente como filha, mãe e esposa. Tornou-se mãe do Filho de Deus, fazendo-o mais próximo e irmão de todas as criaturas. Associar Maria ao mistério da encarnação significa exaltar a sua maternidade. Em Maria, Deus operou a encarnação e, por conseguinte, a nossa redenção. A maternidade de Maria é central e fundamental na mariologia de são Francisco.Tal maternidade é motivo para louvar e ação de graças a Deus[314].

Ao acentuar a maternidade de Maria, o pai seráfico parece acentuar a fé ortodoxa. Ele defende a profissão de fé da Igreja no mistério da encarnação do Verbo, ressaltando a maternidade da Virgem Maria. Contemplando o presépio proclama a Jesus como "verdadeiro Deus e verdadeiro homem". Ele se opõe ao dualismo espiritualista cátaro, ressaltando progressivamente o realismo da encarnação do Verbo no seio da Virgem e, por conseguinte, a relação de Maria pobre, humana e frágil com o Filho de Deus concebido em seu seio[315].

"4 Esta Palavra do Pai, tão digna, tão santa e gloriosa, foi anunciada pelo altíssimo Pai lá do céu, por meio de seu santo anjo Gabriel, no útero da santa e gloriosa Virgem Maria, de cujo útero recebeu a verdadeira carne de nossa humanidade e fragilidade. 5 O qual, sendo rico (2 Cor 8,9) sobre todas as coisas, quis ele mesmo escolher a pobreza no mundo com a beatíssima Virgem, sua mãe".

---

[310] LM 9, 3.
[311] RNB 23, 1 e 5.
[312] *CO 21.*
[313] Cf. RNB 9, 5; 23,3; Ad 1,16; CO 21.
[314] RNB 23.
[315] cf. 2 CF 4ss.

Portanto, Francisco valoriza a verdadeira natureza corporal e espiritual de Cristo. Insiste ainda na pobreza de Maria na gruta de Belém. Igualmente, está sempre pensando e a meditando nas condições de pobreza do nascimento de Jesus.

Para Francisco, Maria é a mãe santíssima. Foi Deus quem a escolheu e a santificou para cooperar no mistério da encarnação. A Virgem é considerada arquétipo ideal da santidade da Igreja. Sendo totalmente santa, F. pensa em Maria como "concebida sem pecado"?

Não explicitamente, mas implicitamente parece sugerir essa verdade mariana, ao dizer que:

"não nasceu no mundo entre as mulheres nenhuma semelhante a ti"[316]. *"Como mãe de Deus foi digna da máxima glória"*[317].

Neste sentido, a intuição mariana de Francisco abre caminho para a doutrina da Imaculada Conceição na escola franciscana, cujo ápice teológico se encontra na declaração mariológica de João Duns Escoto.

Por conseguinte, F. exalta mais ainda a santidade de Maria, reconhecendo a sua dignidade. Deus a preparou para ser digna mãe do Filho de Deus. Ao exultar a santidade de Maria insiste também em sua maternidade, ressalta na saudação à Mãe de Deus[318]:

"[1]Ave Senhora, Rainha santa, santa Mãe de Deus Maria, que és virgem feita Igreja. [2]E escolhida pelo santíssimo Pai do céu, que Ele consagrou com seu santíssimo dileto Filho e com o Espírito Santo Paráclito, [3]na qual esteve e está toda a plenitude da graça e todo bem. [4]Ave, palácio dele; ave tabernáculo dele; ave casa dele. [5]Ave veste dele: ave serva dele; ave mãe dele. [6]E vós todas santas virtudes, que pela graça e iluminação do Espírito Santo sois infundidas nos corações dos fiéis, para que os façais de infiéis fiéis a Deus".

Esta oração é verdadeiro louvor a Maria, exaltando a sua grandeza e dignidade de vocacionada, totalmente consagrada a Trindade como modelo de Igreja querido por Deus. Ele a saúda com os títulos de "Senhora", "Rainha", "Mãe de Deus", "Virgem", "Igreja". Os primeiro e o segundo atributo são de honra; o terceiro "theotokos" é a raiz

---

[316] OP (Antífona da Paixão).
[317] Ibid.
[318] SMD 1-6.

de sua dignidade. O nome Virgem significa título pessoal fundado no mistério pessoal de Maria. Igreja denota título de glória e dignidade. Maria se apresenta como figura e ícone da Igreja. O que ela já é, a Igreja é chamada a ser.

Maria é eleita, escolhida e consagrada por Deus-Pai mediante o Filho e o Espírito Santo paráclito. Portanto, a grandeza e a dignidade da virgem se funda no dom do Deus-Trindade. Assim também acontece com a Igreja. Maria é realização antecipada do que já agora está em germe e do que será escatologicamente em plenitude, a Igreja de Cristo.

Maria é o "protótipo exemplar", quer dizer, modelo por excelência de todos os que acolhem com fé os benefícios do Redentor. Ela é a imagem da Igreja. Daí o significado do título *"Virgo Ecclesia Facta"* (A Virgem feita Igreja). Esta expressão usada pelo pai seráfico resume e mostra a relação que há entre Maria, a Igreja e os fiéis, ressaltando a interpretação tipológica e alegórica dos padres da Igreja. Maria é o modelo exemplar de todos os que acolhem com fé os benefícios do Redentor.

Antes de F. os padres da Igreja identificaram Maria com a Igreja[319] e Ps. Hildeberto que é o único autor ao usar o título *"Virgo Ecclesia Facta"* antes de São Francisco[320]. Maria assim como toda alma fiel se identifica com a Igreja. Ela é de certo modo a primeira Igreja, consagrada a Deus uno e trino. Ela é como que a imagem da Igreja. Há uma profunda relação vital entre Maria e os fiéis pela ação do Espírito Santo.

E toda Igreja, isto é, todos os fiéis justos se assemelham a Maria. Nos escritos de são Francisco, especialmente na segunda carta a todos os fiéis não deixa de associar o testemunho dos justos à semelhança de Maria. Assim como ela concebeu interiormente e exteriormente a Cristo assim também somos nós pela graça divina: concebemos a Jesus, dando à luz, levando-o no corpo e no coração. Assim como Maria é mãe, toda Igreja é mãe ou cada um de nós que concebemos pelas virtudes, pelas boas obras e pelo exemplo aos outros[321]. Deste modo também cooperamos a exemplo de Maria com a redenção operada por Cristo[322].

---

[320] Cf. APOLLONIOM, Alessandro Maria. *La Mariologia di San Francesco d'Assisi*, extraído da tese de láurea em sagrada Teologia com especialização em mariologia. Roma: pontifícia Facoltà Teologica Marianum, 1997, p. 42-43.
[321] 2CtaF 9, 49-53.
[322] Cf. POMPEI, Alfonso. p. 260-261.

Nesta oração de louvor, isto é, a saudação à mãe de Deus, Maria é o símbolo da Igreja, corpo místico de Cristo, seguindo a tradição patrística e medieval. O termo "ecclesia" não significa simplesmente Igreja de pedra ou tijolos. Ao contrário, tem sentido místico, bíblico-teológico. Assim também o uso dos outros títulos "palácio, tabernáculo, casa, manto" indica para Francisco a Igreja corpo místico de Cristo. O irmão de Assis não usa este termo, mas intui a sua realidade ao contemplar o lugar de Maria na vivência da eclesialidade. Maria é "teófora", isto é, portadora da presença de Deus.

No contexto dessa saudação mariana, Maria é como que a Igreja personificada que acolhe, carrega e concebe o Filho de Deus. Assim como Maria, a Igreja é mãe. Maria é, portanto, templo da presença da Trindade. Maria é a morada que contém em si

"toda plenitude da graça e todo bem".

Maria se identifica com o corpo místico de Cristo ou povo de Deus. Ela é a imagem da Igreja em sua origem, a caminho (in via) e no seu estado de perfeição definitiva e na glória. Com efeito, toda Igreja aparece "mariana", virgem e mãe de Cristo. Numa palavra, toda Igreja tem os traços de Maria.

Há ainda relação vital e íntima entre Maria e o mistério da Trindade. É o que atesta o ofício da Paixão, conjunto de orações e salmos compostos por São Francisco e recitados nas horas litúrgicas e que contém sete horas seguidas da antífona mariana. O texto da antífona tem estrutura trinitária.

"Antífona: *[1]Santa Virgem Maria, não nasceu nenhuma semelhante a vós entre as mulheres neste mundo, filha e serva do altíssimo sumo Rei e Pai celeste, Mãe do nosso santíssimo Senhor nosso Jesus Cristo, esposa do Espírito Santo: [2]Rogai por nós com São Miguel Arcanjo e todas as virtudes dos céus e todos os santos junto a vosso santíssimo dileto Filho, Nosso Senhor e Mestre! Glória ao Pai, ao Filho e ao Espírito Santo. Como era no princípio, agora e sempre, Amém!"*

Maria está associada às Pessoas divinas no plano da redenção. Ela é "filha do Pai celeste"; "Mãe de Jesus Cristo" e "esposa do Espírito Santo". Francisco acentua essa mística relação com a santíssima Trindade. Tudo o que existe nela vem de Deus. Foi a Trindade que a escolheu e a consagrou, a adornou de graças, virtudes e dons[323].

De modo especial, Francisco associa Maria à Pessoa do Espírito Santo. Há entre ambos íntima e vital relação. Ela é chamada de esposa do Espírito Santo. A terceira Pessoa nela opera abundantemente, fazendo dela protótipo ou modelo da pessoa fiel, mãe, esposa, serva, filha e discípula do Senhor.

Além disso, para F. há tríade correlação íntima e profunda entre a Pessoa do Espírito, Maria e os fiéis. Assim como em Maria, o Espírito Santo habita e faz morada nos fiéis. Assim como o Espírito atua em Maria atua também naqueles que creem. E assim como Maria, agraciada pelo Espírito assumiu a missão de mãe, esposa e filha, assim também acontece nos fiéis. A ação da terceira pessoa da Trindade que atua em Maria continua na multidão das pessoas que creem.

Francisco nos educa a seguir o exemplo e a atitude maternal de Maria assim como ele mesmo buscou sempre assimilar em tudo o testemunho de Maria. Assim como Maria gerou e concebeu a Cristo, nós também, por obra do Espírito Santo, devemos concebê-lo em nosso coração e em nossa vida. Devemos acolhê-lo plenamente em atitude de fé. Dar a luz ao Verbo de Deus assim como Maria, dando-lhe vida e forma em nossa existência. Daí porque o nascimento do Filho não acontece só em Maria, mas também no coração dos fiéis[324]. A maternidade de Maria funda a maternidade espiritual dos fiéis. Francisco pensa que toda vida tem uma função maternal. Neste sentido, se amplia o universo da família eclesial. A função da mãe supõe também o papel da esposa e da filha. Essa maternidade se dá através do Espírito Santo que nos concede dons e virtudes. Também através do testemunho da vida geramos a Cristo, segundo Francisco.

Igualmente, essa maternidade se dá na Eucaristia. A função maternal de Deus se faz visível pela ação do Espírito Santo. Assim como outrora, a Virgem pobrezinha concebeu a Jesus, hoje na Igreja pelas mãos do sacerdote, é concebida a presença de Cristo, pobre e humilde, nas humildes aparências do pão e do vinho. Portanto, realmente hoje Cristo é concebido para nós e, por conseguinte, permanece conosco até a consumação dos séculos. Francisco acentua relação comum e misteriosa entre o seio do Pai, o útero da Virgem, o seio da Igreja e o da Eucaristia. Pela ação do Espírito Santo se

[323] SMD 1-2.
[324] 2 CF 4-15; 15-60;63-71.

dá essa continuidade da fecundidade do amor de Deus que está sempre a gerar o Filho Amado na criação e na história.

"16 Eis que se humilha diariamente, como quando veio do trono real (Sb 18, 15) ao útero da Virgem; 17 vem diariamente a nós ele mesmo aparecendo humilde; 18 desce todos os dias do seio do Pai (cfr. Jo 6,38; 1,18) sobre o altar nas mãos do sacerdote"[325].

"22 E desse modo o Senhor está sempre com os seus fiéis, como ele mesmo diz: Eis que estou convosco até a consumação do século (cf. Mt 28,20)"[326].

Francisco reza que Maria é esposa do Espírito Santo. Entretanto, não se trata de um título original de Francisco, porque ele segue uma tradição patrística e medieval anterior que relaciona Maria como esposa do Espírito Santo tanto no Ocidente como no Oriente[327].

Sendo esposa do Espírito Santo, a graça permeia totalmente a vida de Maria. Ela é cheia de graça; cheia da plenitude da graça. E assim como nela Deus opera assim também em cada pessoa dos fiéis. Essa graça que inunda a pessoa de Maria também agracia a Igreja e a pessoa de cada fiel pela ação do Espírito Santo.

Ainda refletindo a antífona da Paixão do Senhor, F. fala das imagens atribuídas a Maria: "filha", "serva", "mãe" e "esposa". Essas imagens nos ajudam a entender um aspecto do mistério da Igreja[328].

Maria ilumina o mistério da Igreja assim como a sua dignidade aponta para a dignidade da Igreja. Assim ele fala em Maria como "serva". Essa imagem "serva" (ancilla) acrescenta um elemento feminino e mariano a Comunidade eclesial. Mostra essa dimensão de diaconia na Igreja. Ela existe e vive para servir a Deus e aos irmãos. As outras imagens "filha", "mãe" e "esposa" indicam essa visão familiar que Francisco tem da Igreja. Assim como Maria participa da família de Deus também a Igreja. Toda ela é família espiritual de Deus trino e uno[329].

---

[325]*AD 1, 16-17.*
[326]*AD 1, 22.*
[327] Cf. APOLLONIOM, Alessandro Maria. *La Mariologia di San Francesco d'Assisi*. p. 38.
[328] Cf. WILLIAM, NG. *Franciscan Perspectives on Eclesiological Models*, in: Theology Annual, vol. 18, p. 9.
[329] Cf. WILLIAM, NG. p. 9.

Já na "saudação à mãe de Deus" apresenta títulos atribuídos à Virgem Maria que mostram a imagem de Igreja antecipada. *"palatium, tabernaculum, Domus, vestimentum"* – se referem ao mistério da encarnação e ao papel de Nossa Senhora em cooperação com Deus para realizar tal propósito. Os títulos "palácio e tabernáculo" se referem à Igreja como triunfante no céu e peregrina na terra. Os títulos "casa e manto", dizem respeito à dimensão pessoal e interpessoal de Deus no meio da e com a humanidade[330].

Assim como Maria é templo do Senhor também a Igreja é chamada a ser. A Igreja é templo no céu e na terra está a caminho da pátria eterna. Na qualidade de "casa e manto" do Senhor, ela é espaço ou lugar de salvação. Deus Trindade nela se encontra e com ela está em relação pessoal e comunhão fraterna.

As imagens de serva e mãe referem ao modelo de comunhão mística em contraste com as quatro primeiras imagens que se referem ao modelo vertical sacramental[331]. Esse modelo vertical indica nossa relação com Deus ou de Deus conosco, enquanto a horizontal mostra a relação entre nós como resultado desse encontro com Deus: vida de missão, doação e serviço ao próximo. Portanto, o que em mistério já aconteceu com Maria, acontecerá também com a Igreja. Todos os aspectos contemplados em Maria se encontram também na Igreja.

Francisco, homem eclesial, sensível à comunhão e a participação no mistério da Igreja, pensa a mariologia não somente de modo cristológico, mas especialmente eclesiológico. Maria, a mãe de Jesus, esposa do Espírito Santo, filha do Pai celestial tem um lugar fundamental na encarnação e na Igreja. O mistério de Maria ilumina o mistério da Igreja.

Em sintonia com o Vaticano II, Francisco insere a Virgem Maria fundamentalmente na história da salvação. Ela não é apenas uma peça solta ou separada, mas elemento fundamental para compreensão do mistério da Igreja[332].

Para Francisco Maria também se apresenta como modelo de vida evangélica segundo o testemunho dos seus biógrafos. Neste sentido, ao lado de seu Filho é modelo

---

[330] Ibid.
[331] Ibid.
[332] cf. LG 52; 63.

e parâmetro do autentico discípulo, que se conformam a vida de pobreza, despojada, peregrina e missionária.

"Eu, Frei Francisco, pequenino, quero seguir a vida e a pobreza do altíssimo Nosso Senhor Jesus Cristo e de sua santíssima Mãe, e nela perseverar até ao fim"[333].

No mistério da encarnação, Jesus herdou e compartilhou corporalmente a pobreza de sua mãe. Daí porque sempre Francisco medita a redenção associando a mãe e o Filho como modelos e caminho de salvação. Francisco medita sempre a pobreza de Jesus e de sua mãe e a consagra como forma de vida[334].

Afastando-se de abstrações e espiritualismos, F. contempla sempre mais a realidade histórica, real e concreta da vida e missão de Maria. Segundo Francisco Maria é a mãe pobre que se identifica com os pobres e sofredores. No mistério da encarnação o Filho de Deus compartilhou dessa pobreza. Jesus escolheu uma mãe pobre e chamou discípulos pobres.

Francisco ao associar Jesus e Maria, reflete também sobre o significado evangélico da pobreza como virtude real ou virtude da realeza. Segundo o seu biografo Tomás de Celano, Francisco chama Jesus de "rei" e Maria de "rainha"[335]. São Boaventura na legenda maior declara que o pobrezinho de Assis chama a Jesus de "rei dos reis" e a Maria de "mãe rainha"[336]. A pobreza evangélica é o esplendor que reveste a realeza de Cristo e Maria.

---

[333] UVC 8, n. 1.

[334] *"(Francisco) 3 Não podia recordar sem chorar toda a penúria de que esteve cercada nesse dia a pobrezinha da Virgem. 4 Num dia em que estava sentado a almoçar, um dos frades lembrou a pobreza da Virgem bem-aventurada e as privações de Cristo seu Filho. 5 Ele se levantou imediatamente da mesa, soltou dolorosos soluços e comeu o resto de pão no chão nu, banhado em lágrimas. 6 Dizia que a pobreza era uma virtude real, pois brilhava de maneira tão significativa no Rei e na Rainha. 7 Quando os frades lhe perguntaram, em uma reunião, que virtude mais faz de alguém um amigo de Cristo, respondeu, como quem contava um segredo de seu coração: "Ficai sabendo, filhos, que a pobreza é o caminho especial da salvação, que seu fruto é múltiplo e conhecidíssimo por poucos".* 2 C 200, n. 3-7;E na legenda Maior de São Boaventura: **"6** *Recordava com frequência e com lágrimas a pobreza de Jesus Cristo e de sua Mãe.* **7** *Por isso afirmava que essa virtude era rainha, porque brilhou validamente no Rei dos reis e na rainha sua Mãe.* **8** *Por isso, quando os frades lhe perguntaram em uma reunião que virtude tornava alguém mais amigo de Cristo, respondeu como quem abria o segredo de seu coração:* **9** *"Sabei, irmãos, que a pobreza é um caminho especial de salvação, como o fomento da humildade e a raiz da perfeição, cujo fruto é múltiplo, mas oculto.* **10** *Pois ela é o tesouro escondido no campo do evangelho, que não dá para comprar sem vender tudo, e as que não podem ser vendidas em sua comparação devem ser desprezadas".* LM 7, 1, n. 6-10.

[335] Ibid.

[336] Ibid.

Para o pai seráfico, a pobreza de Maria e de Jesus é realidade bem presente na vida dos pobres. De forma mística ou sacramental, Jesus e Maria se identificam com os pobres. Em cada ser humano, especialmente os pobres, doentes, leprosos, necessitados são imagem de Jesus e de Maria pobres, reflexos da pobreza de Cristo e de sua mãe. Daí porque Francisco não deixava de contemplar nos pobres o rosto de Jesus e Maria.

"... Quando vês um pobre, meu irmão, tens à frente um espelho do Senhor e de sua pobre Mãe. 8 E da mesma maneira, nos doentes deves ver as enfermidades que ele assumiu por nossa causa!" Francisco tinha sempre o "ramalhete de mirra" (cfr. Ct 1,12) em seu coração. Estava sempre olhando para o rosto do seu Cristo (cfr. Sl 83,10), sempre agarrava-se ao homem das dores, que conhece as enfermidades (cfr. Is 53,3)"[337].

Essa recordação e contemplação das imagens de Cristo e sua mãe pobre despertava em seu coração sentimentos e atitudes de misericórdia, já que possuía "clemência nata e piedade infusa", conforme declara Celano. Daí o sentido de nossa atitude evangélica de compaixão para com os pobres[338].

"1 Quem poderá contar toda a compaixão que esse homem tinha para com os pobres? 2 De fato, era de uma clemência nata, redobrada pela piedade infusa. 3 Por isso, o ânimo de Francisco se derretia pelos pobres e aos que não podia estender a mão demonstrava seu afeto. 4 Qualquer necessidade ou penúria que visse em alguém faziam-no pensar na mesma hora em Jesus Cristo. 5 Via o Filho da pobre Senhora em todos os pobres, pois o levava despojado em seu coração como ela o tinha carregado em seus braços..."[339].

Maria é a "*senhora pobre*"[340]. Deus a escolheu como mãe e compartilhou de sua pobreza[341]. Tal pobreza evangélica escolhida por Deus que a elegeu e a consagrou tem função redentora[342]. Através de sua kénosis, Cristo escolheu um caminho especial de salvação para todos nós. A pobreza assumida pelo Senhor nos enriqueceu. Despojando-

---

337 2 C 85.
338 2 C 83.
339 *Ibid.*
340 Ibid.
341 *"4 Esta Palavra do Pai, tão digna, tão santa e gloriosa, foi anunciada pelo altíssimo Pai lá do céu, por meio de seu santo anjo Gabriel, no útero da santa e gloriosa Virgem Maria, de cujo útero recebeu a verdadeira carne de nossa humanidade e fragilidade. 5 O qual, sendo rico (2 Cor 8,9) sobre todas as coisas, quis ele mesmo escolher a pobreza no mundo com a beatíssima Virgem, sua mãe"*. 2 CF 4-5.
342 2 Cor 8,9; cf. 2 C 73.

se radicalmente de sua riqueza divina, nos enriqueceu abundantemente com a sua pobreza.

Na encarnação o Filho de Deus não somente assumiu a humanidade presente no corpo de sua mãe santíssima, mas também a sua condição de pobreza evangélica. Pobreza num sentido especialmente social e material.

Maria inspira também o seguimento dos fiéis e do irmão menor[343]. Somos chamados a seguir Jesus que *"sendo rico se fez pobre por nós"*[344]. Assim sendo discípulos devemos participar da pobreza de Cristo e de Maria[345]. Seguir Jesus como caminho de salvação é ser pobre e ser solidário com os pobres. Deste modo Maria santíssima ao lado de seu Filho é modelo para nós.

E, por fim, Francisco pensa em Maria como intercessora. Continuamente em oração ele se dirige a Virgem Maria[346]. Por causa de seu grande amor, devoção e confiança na Virgem, F. a consagrou "advogada" da Ordem franciscana.

"3 Mas o que mais nos alegra é que a constituiu Advogada da Ordem, e às suas asas confiou para serem protegidos até o fim os seus que ia deixar"[347].

Em sua vocação e missão, o pai seráfico se sente amparado e acompanhado pela mãe do Senhor.

"1 Portanto, quando morava na igreja da Virgem Mãe de Deus, seu servo Francisco insistia em contínuos gemidos junto daquela que concebeu o Verbo cheio de graça e de verdade, para que se dignasse tornar-se a sua advogada, e, pelos méritos da Mãe da misericórdia ele concebeu e deu à luz o espírito da verdade evangélica"[348].

Maria é segundo o pai seráfico, advogada no sentido de "protetora". Ela é a mãe de misericórdia mediante a qual conseguimos misericórdia. E o maior fruto pelo qual alcançamos misericórdia foi o seu sim ao Senhor e, por conseguinte, a concepção do Filho de Deus em seu seio. Ela deu à luz e gerou Aquele que é o Senhor de Majestade

[343] 2 C 73.
[344] 2 CF 5.
[345] RNB 1; 9, 6.
[346] RNB 23, 6; OP Ant.
[347] 2 C 198, 3.
[348] LM 3,1.

que se fez nosso irmão[349]. Por conseguinte, na glória do céu, Maria continua a interceder por nós. Deste modo, a mãe do Senhor tem a função de representar, cuidar, proteger e intervir em favor dos irmãos menores em todas as situações e dificuldades da vida.

Para Francisco Maria continuamente intercede por nós. É nossa intercessora junto aos anjos e santos. A ela devemos implorar a sua maternal interseção:

"¹Santa Virgem Maria... "²Rogai por nós com São Miguel Arcanjo e todas as virtudes dos céus e todos os santos junto a vosso santíssimo dileto Filho, Nosso Senhor e Mestre! Glória ao Pai, ao Filho e ao Espírito Santo. Como era no princípio, agora e sempre, Amém!"[350].

Em outra passagem acentua novamente o papel de Maria como nossa intercessora:

"⁷E perdoai-nos as nossas ofensas por vossa inefável misericórdia, pela força da paixão de vosso dileto Filho, e pelos méritos e intercessão da beatíssima Virgem Maria e de todos os vossos eleitos"[351].

Em suma, Francisco pensa em Maria como "mediadora" (advogada) que nos conduz a Cristo, o Deus-homem e considera Cristo como o único mediador em todas as coisas diante do Pai[352].

Como bem observou Alfonso Pompei, não há em F. uma formulação abstrata de Maria, mediadora das graças em seu Filho Jesus Cristo. Mas há elementos teológicos na fé e devoção de Francisco que remetem para essa possibilidade. Essa mediação em união com Cristo não é somente da parte de Maria ou de um membro isolado, mas de toda Igreja. Todos os justos podem cooperar na obra da redenção em Cristo, de modo especial, a mãe do Filho de Deus. Tal mediação, junto a Cristo, único e supremo

---

[349]Em outro texto diz São Boaventura sobre a devoção de Francisco a mãe do Senhor: ***1*** *Amava com amor indizível a Mãe do Senhor Jesus, porque tornou o Senhor da majestade irmão nosso, e por ela conseguimos a misericórdia.* ***2*** *Confiando principalmente nela, depois de Cristo, constituiu-a advogada sua e dos seus e em sua honra jejuava com toda devoção desde a festa dos Apóstolos Pedro e Paulo até a festa da Assunção.* ***3*** *Unira-se por um vínculo de amor inseparável aos espíritos angélicos, que ardem em um fogo mirífico para elevar-se até Deus e para inflamar as almas dos eleitos e, por devoção a eles, jejuando por quarenta dias desde a Assunção da Virgem gloriosa, insistia continuamente na oração". LM 9, 1-3.*

[350] OP antífonas n. 1-2.

[351]*EPN 7(exposição do Pai Nosso).*

[352] ESSER, Kajetan, p. 300.

mediador entre Deus e os homens, se dá através das orações e testemunhos dos fiéis justos[353]. Maria desde sempre e de modo especial em sua concepção não deixa de colaborar na obra de Deus e a interceder por nós.

Portanto, Maria tem um lugar fundamental e vital na devoção e na meditação bíblico-teológica de Francisco. Ela está ligada vitalmente ao mistério da encarnação e, por conseguinte, é sempre referida a Cristo; além do mais, participa do mistério da Trindade, constituindo modelo de vida para todos os fiéis; exemplo de vida evangélica e nossa intercessora.

O pobrezinho de Assis jamais pensa Maria separada da Igreja, mas Senhora da Igreja e na Igreja. Assim como há em Maria identidade cristólogica, existe consequentemente identidade eclesiológica. Ela é a Virgem feita Igreja. Para Francisco, a Igreja se identifica e se encontra em Maria que é modelo de vida eclesial. O verdadeiro sentido de "eclesialidade", seu amor à Igreja, e seu espírito de pertença eclesial no serviço aos pobres, ele encontra meditando a vida bíblica e histórica da mãe santíssima.

A devoção mariana de Francisco tem motivação cristológica e, por conseguinte, eclesiológica. Não se trata de devoção desencarnada ou mero pietismo espiritual, mas espiritualidade mariana que motiva ao seguimento a Cristo pobre e crucificado, Senhor e reparador de sua Igreja; e ao desejo ardente de se engajar na reconstrução da Igreja que está em ruínas. O pai seráfico não separa Maria de Cristo e Maria da Igreja.

CONCLUSÃO

Diante da exposição dos diversos aspectos da teologia de São Francisco, consideramos o seguinte:

Francisco baseia a sua teologia na continua meditação da Palavra de Deus escrita, isto é, na Sagrada Escritura. É um homem bíblico: lê, medita e interpreta a vida à luz da Palavra de Deus não a margem, mas na Igreja.

Francisco professa fé ortodoxa em oposição à heresia cátara em todos os níveis da meditação teológica. Cristo é verdadeiro Deus e verdadeiro homem, "Senhor da

[353] Cf. POMPEI, A. p. 260 -261.

majestade" e "nosso irmão", a quem devemos seguir. Jesus Cristo hoje se revela na Igreja. Encontra-se presente e vivo na história e no espaço da Igreja. Francisco é um homem cristológico. Cristo é o revelador do Pai e da Trindade.

Para o pai seráfico, Deus é o "Altíssimo", não se identifica com a nossa miséria; está além de nossa condição humana. A fé no Altíssimo mostra nossa miséria e pequenez. Deus é o "Sumo Bem", nada nos pertence, tudo vem Dele e é para Ele. Não podemos nos apropriar nada de Deus. Diante Dele somos "pobres". Deus é "caridade", existe para fora de Si, vive em eterno amor. É um Deus que nos ama e nos chama à comunhão de amor com Ele. Deus é trino e uno. Não é um Deus solitário, mas que eternamente vive para fora de Si. No seio da Trindade, uma Pessoa se doa uma para a outra e está uma com a outra. Deus é Pai, Filho e Espírito Santo: três Pessoas que vivem e agem sempre em comum. Por conseguinte, somos chamados a viver a fraternidade na dinâmica kenótica da ssma. Trindade.

Deus é criador. No Pai está a origem do mistério trinitário e a raiz da criação. No Filho, se encontra o modelo e no Espírito Santo, o santificador e o vivificador. Deus-Trindade criou todas as coisas espirituais e corporais. Enquanto as criaturas irracionais são "símbolos" de Deus, refletem e falam de Deus, o ser humano, é imagem e semelhança de Deus. Toda criatura tem o seu valor sagrado, mas o homem tem maior dignidade porque sua existência se aproxima mais do ser de Deus. O homem encontra o seu valor tanto em seu corpo quanto em sua alma porque criado a imagem do Cristo Verbo encarnado. Existe não só para louvar a Deus, mas para o seguimento de Cristo. Existe para ser outro Cristo.

Cristo no mistério de sua kenosis, isto é, abaixamento e humilhação por amor de nós nos redimiu do pecado original. No mistério de sua paixão derramou o seu sangue, nos fazendo nova criatura. Aí está a origem da graça nessa atitude de abaixamento até nós, assumindo a nossa condição humana até a morte da cruz. Por sua graça Ele nos libertou do pecado, nos justificou e nos comunicou o dom do seu Espírito Santo que nos enriquece de muitos dons, graças e virtudes. O Espírito Santo é o verdadeiro protagonista da graça na Igreja e na vida de cada fiel. Por conseguinte, essa redenção alcançou toda criação.

Esse Deus nos criou, nos redimiu e também nos salvará. Em nossa história, onde somos peregrinos e forasteiros, Deus se revela, realizando os seus prodígios em favor de nossa salvação. Toda criação segundo a promessa do Senhor se destina à salvação. O fim último de nossa esperança é Cristo. Em sua morte e ressurreição se cumpriram as suas promessas. Francisco professa a sua fé nas verdades da Igreja. Ele crê no céu, no inferno, no juízo final e no purgatório, etc., mas em perspectiva histórica pensa, medita e prega a chegada do Reino já presente.

O santo de Assis vive em expectativa escatológica na atualidade de sua existência. Não se preocupa tanto com o que irá acontecer no futuro após morte, mas com a qualidade do testemunho da vida evangélica hoje em preparação para a vida eterna. Para Francisco, a irmã morte tem valor todo especial porque é o momento decisivo da realização definitiva de nossa páscoa pessoal, passagem da morte para a vida. Na morte se dá imediatamente a vida ou a perdição eterna e imediatamente após a morte se dá o juízo final. A morte corporal consuma em nós encontro definitivo com a família ou fraternidade divina. Tal é o desejo de Francisco: alcançar completamente ao sumo Bem.

Para o pai seráfico os sacramentos têm dimensão pascal. São sinais da graça e de salvação. Eles são continuação do mistério da encarnação do Senhor que se faz presente no hoje de nossa história. Cristo vive e atua no meio de nós. Tudo na Igreja evoca a sua presença e ação. Entretanto, é na Eucaristia e nas santas palavras do Senhor que Francisco contempla a presença do Senhor de modo muito especial.

Francisco é um homem profundamente eclesial, sente com a Igreja e vive e respira na Igreja. A eclesiologia de Francisco é rica em elementos que se complementam e apontam para um modelo de Igreja mais aberto, em comunhão e participação. A Igreja para Francisco é a Igreja Sacramento, ou melhor, Igreja da Eucaristia. Não é Igreja centrada na Instituição, embora ela também seja instituição, mas Igreja "povo de Deus" em sentido ecumênico e universal. Todos são chamados a participar, estando a serviço do Reino de Deus.

Na teologia de são Francisco, Maria tem um lugar especial. Ela está vitalmente ligada ao mistério da encarnação. Daí porque Francisco a louva e a reconhece em sua dignidade. Ela é a mãe santíssima, cheia de graça, lugar digno da presença do Filho de Deus. Além disso, Francisco louva a Virgem porque ela está associada vitalmente ao mistério da Igreja. Maria tem função exemplar, ela é o tipo e o modelo da Igreja. Pela ação do Espírito Santo a Igreja reconhece em sua vida os traços de Maria. Assim como Maria a Igreja é filha, esposa e mãe de Deus.

Em suma, à luz da Sagrada Escritura, Francisco contempla o amor de Deus Trindade no mistério da encarnação do Senhor e que se manifesta na criação e ao longo da história da salvação. Francisco é o místico da encarnação e da Eucaristia. Tal é a fonte, o meio e a meta do ser humano e da Igreja: a encarnação do Filho de Deus que hoje continua abaixando-se e se doando por amor de nós na celebração da Eucaristia.

Cristo é o mediador do Pai celeste que se revelou e sempre se revela como "dom". Esta manifestação contínua do amor, condescendência e misericórdia do Senhor afeta toda criatura e nos faz participantes de sua família divina. Deus é o nosso Pai e todas as criaturas no Espírito Santo são irmãs e irmãos. Com efeito, é no amor do Pai que nos concede a vida e a ressurreição em seu Filho e no Espírito Santo como nossa meta e destino. A Trindade divina não é somente origem, mas também destino.

Por sua vez, a cristologia da "kenosis" ou abaixamento do Senhor que se fez pobre e humilde e que ressuscitado continua pobre e a se revelar em nosso meio, é a espinha dorsal da sabedoria teológica de Francisco ou a chave da compreensão que lhe permite pensar sua experiência trinitária de Deus, a cristologia, a sacramentologia, a eclesiologia, a antropologia, a mariologia, etc. Enfim toda a sua vivencia eclesial de discípulo e missionário do Senhor.

Essa experiência sacramental e, por conseguinte, salvífica de Francisco no encontro com Cristo, esta Pessoa que ele coloca no centro e na primazia de sua vida, significa também experiência fraterna pessoal e familiar com Deus, com a criação e a Igreja. Experiência pascal que se consumará na morte e no juízo final. Além do mais, a sua visão antropológica, sacramental e mística inclui e integra todas as criaturas, homens e mulheres, o masculino e o feminino, todos os povos, culturas e nações no plano da salvação que se consuma na fraternidade universal do povo de Deus, peregrino na história e a caminho da pátria definitiva.

SIGLAS

1. **Escritos de São Francisco**
   1.1. Regra não bulada (RNB)
   1.2. Regra bulada (RB)
   1.3. Testamento (Test.)
   1.4. Admoestações (Ad)
   1.5. Carta a toda Ordem (CO)
   1.6. Carta a um ministro (CM)
   1.7. Carta aos Custódios 1 (1 CC)
   1.8. Carta aos Custódios 2 (2 CC)
   1.9. Carta aos clérigos primeira redação (1 CCLE)
   1.10. Carta aos clérigos segunda redação (2 CCLE)
   1.11. Carta aos fiéis (1 CF)
   1.12. Carta aos fiéis (2 CF)
   1.13. Carta aos dirigentes dos povos (CDP)
   1.14. Cântico ao Irmão sol (CIS)
   1.15. Louvores do Deus Altíssimo (LDA)
   1.16. Louvores a todas as horas (LH)
   1.17. Exortação ao louvor de Deus (ELD)
   1.18. Saudação das virtudes (SV)
   1.19. Saudação da Bem-Aventurada Virgem Maria (SVM)
   1.20. Ofício da Paixão do Senhor (OP)
   1.21. Das Cinco Considerações sobre os estigmas de São Francisco de Assis (CCE)
   1.22. Última Vontade escrita à santa clara (UVC).

2. **Biografias de São Francisco**
   2.1. Primeira Vida de São Francisco segundo Tomás de Celano (1 C).
   2.2. Segunda Vida de São Francisco segundo Tomás de Celano (2 C)
   2.3. Legenda Maior de São Francisco segundo São Boaventura (LM)
   2.4. Legenda Menor de São Francisco segundo São Boaventura (Lm)
   2.5. Das Cinco Considerações sobre os estigmas de São Francisco (CCE)

3. Documentos da Igreja

3.1. Concilio Vaticano II. Dei Verbum, Constituição Dogmática Dei Verbum sobre a Revelação Divina, (DV).

3.2. Concilio Vaticano II. Lumen Gentium, Constituição Dogmática sobre a Igreja, (LG).

BIBLIOGRAFIA

1. **Dicionário**:

CAROLI, Ernesto (org.). *Dicionário Franciscano*, trad. bras., 2ª. Petrópolis: Vozes e Cefepal, 1999.

2. **Documento da Igreja**

COMPENDIO DO VATICANO II, constituições, decretos, declarações, 29º. ed. Petrópolis: Vozes, 2000.

3. Fontes

FONTES FRNCISCANAS, *Escritos e Biografias de São Francisco de Assis*, São Paulo: Procasp (província dos capuchinhos de São Paulo). http://centrofranciscano.capuchinhossp.org.br/fontes. Último acesso: Fevereiro de 2019.

4. Periódicos

CINDY CHARRIÈRE, MUC Patrem. *Il sacramento delle Sante Parole in Francesco d'Assisi. Roma, Miscellanea Francescana,* nn. III-IV/111, 2011, 456-472.

GERKEN, Alexander, *L'Intuition Theologique de Saint François d'Assise*, p. 10-12, trad. franc. do artigo *Die theologische Intuition des Heiligen Franziskus Von Assisi*, Wissenschaft und Weisheit. Dusseldorf. n. 2, 1982, p. 2-25.

MATURA, Thaddée. *La Iglesia em los escritos de Francisco de Asís,* enSelecciones de Franciscanismo, vol. XIV, n. 40 (1985) 27-44.

WILLIAM, NG. *Franciscan Perspectives on Eclesiological Models*, in: Theology Annual, vol. 18, p. 111-141.

5. Obras

APOLLONIO, Alessandro Maria, La *Mariologia di San Francesco d'Assisi,* extraído da tese de láurea em sagrada Teologia com especialização em mariologia, Roma: pontifícia Facoltà Teologica Marianum,1997, p. 36-57.

ESSER, Kajetan. *San Francisco de Asis y su Devoción por La VirgenMaría*, in, Temas espirituales. Oñate (Guipúzcoa: Editorial Franciscana Aránzazu, 1980, p. 281-309.

FREYER, Johannes B. "*Homo Viator: L'uomo alla luce della storia della salvezza, un'antropologia teológica in prospettiva francescana"*, 12 EDB, Bologna, 2008.

IAMARRONE, Giovanni. *Gesù Cristo Volto Del Padre e modello dell'uomo: L' apporto della visione francescana.* Studi Francescani. Padova: Messageiro di Sant' Antonio, 2004.

____________________. *La Cristologia Francescana. Impulsi per il presente.* Padova: Edizioni Messagero, 1997.

NGUYÊN-VAN-KHANH, Nobert. *Le Christ dans La pensée de Saint Francis d'Assised'Aprés sés écrits,* Paris: ed. Franciscaines, 1989.

MERINO, José Antonio–Francisco Martinez, FRENESDA. *Manual de Teologia Franciscana,* BAC, Madrid, 2003.

Printed by Books on Demand GmbH, Norderstedt / Germany